LEKTÜRESCHLÜSSEL FÜR SCHÜLER

Ödön von Horváth
Jugend ohne Gott

Von Georg Patzer

Philipp Reclam jun. Stuttgart

Dieser Lektüreschlüssel bezieht sich auf folgende Textausgabe:
Ödön von Horváth: *Jugend ohne Gott*. Frankfurt a. M.: Suhrkamp, 2001. (suhrkamp taschenbuch. 3345.)

RECLAMS UNIVERSAL-BIBLIOTHEK Nr. 15369
Alle Rechte vorbehalten
© 2006 Philipp Reclam jun. GmbH & Co., Stuttgart
Gesamtherstellung: Reclam, Ditzingen
Printed in Germany 2007
RECLAM, UNIVERSAL-BIBLIOTHEK und
RECLAMS UNIVERSAL-BIBLIOTHEK sind eingetragene
Marken der Philipp Reclam jun. GmbH & Co., Stuttgart
ISBN 978-3-15-015369-7

www.reclam.de

Inhalt

1. Erstinformation zum Werk

Der Österreicher Ödön von Horváth ist einer der meist-
gespielten deutschsprachigen Dramatiker
des 20. Jahrhunderts. Seine Volksstücke, die
er ab 1929 schrieb, vor allem *Geschichten*
aus dem Wienerwald, *Kasimir und Karoline* und *Glaube*
Liebe Hoffnung, aber auch seine späteren Schauspiele *Fi-*
garo lässt sich scheiden und *Don Juan kommt aus dem*
Krieg stehen seit über vierzig Jahren auf allen Spielplänen.

> Volksstücke

Horváth wurde am 9. Dezember 1901 in Susak/Fiume
(heute: Rijeka, Kroatien) geboren. Sein Vater war ein öster-
reichisch-ungarischer Diplomat, seine Mutter ungarisch-
deutscher Herkunft, sie stammte aus einer Militärarztfamilie. Von Susak zog die Familie nach Belgrad, später nach
Budapest und München, dann nach Pressburg und wieder
zurück nach Budapest, wo Horváth 1918 das Ende des
Ersten Weltkrieges erlebte. Nach dem Krieg ging er nach
Wien, wo er das Abitur machte. In München studierte er
Theaterwissenschaft, und seine ersten Theaterstücke entstanden. 1924 siedelte er nach Berlin über, wohnte aber auch
immer wieder bei den Eltern, die sich im bayerischen Murnau niedergelassen hatten.

1929 begann er seine Volksstücke zu schreiben, in denen
er vor allem die Kleinbürger kritisierte, die sich in jener
Zeit aus Angst vor der sozialen Deklassierung dem Faschismus näherten. Bigott, mit einer verlogenen Doppel-
moral, einem starken Hang zu gefühlsmäßigem Kitsch
und einer falschen Rührseligkeit, wie er sie darstellt,
werden sie später die Basis des Nationalsozialismus in
Deutschland und Österreich bilden.

Satirisch setzte sich Horváth mit der deutschen Geschichte und der damaligen deutsch-österreichischen Gegenwart auseinander, mit der brutalen Arbeitswelt, der Arbeitslosigkeit und der Politik von rechts und links und ihren Repräsentanten. Immer wieder beschäftigt sich Horváth mit den Beziehungen der Menschen untereinander, mit der Liebe, die sehr häufig ökonomischen und sozialen Zwängen ausgesetzt ist und sich nicht wirklich einfach nur nach dem Gefühl entscheiden kann. Wichtiges Anliegen ist ihm die Auseinandersetzung zwischen dem Individuum, das den Sinn des Lebens sucht oder sein eigenes privates Leben in Ruhe führen will, und der Gesellschaft, die ihre Ansprüche geltend macht.

1931 wurde Horváth der renommierte Kleist-Preis verliehen. 1933 musste er aus Deutschland fliehen, dort wurden seine Stücke in der Zeit des Nationalsozialismus nicht mehr gespielt. 1938 emigrierte er über Budapest und Prag nach Paris. Dort kam er bei einem Unfall ums Leben: Am 1. Juni 1938 wurde er von einem herunterfallenden Ast erschlagen. Erst in den sechziger Jahren wurde sein Werk wieder für die Bühne entdeckt. 1961 erschien eine erste Auswahl von sechs Stücken als Buch. Junge Autoren wie Peter Handke, Martin Sperr, Rainer Werner Fassbinder und Franz Xaver Kroetz sahen in ihm ihren Vorläufer.

Der Stoff

In *Jugend ohne Gott* verarbeitet Ödön von Horváth vor allem eigene Erfahrungen mit dem nationalsozialistischen Deutschland. Er musste 1933 aus Deutschland fliehen und beobachtete die Veränderungen in der deutschen Gesellschaft von Österreich aus, bis er auch Österreich verlassen musste. Vor allem die Jugend wurde von der NSDAP von früh auf indoktriniert und in ihrem Sinne erzogen. Die Jugendlichen mussten lernen, in Gruppen zu leben, mussten

Die Jugend zum Krieg erziehen

sich in der HJ organisieren lassen, mit Waffen umgehen und ihre Umwelt bespitzeln und denunzieren. Die Wehrübungen, die im Lager des Romans gemacht werden, sind sehr realistisch dargestellt, es gab sie in Deutschland regelmäßig.

Adolf Hitler selbst hat über die Jugenderziehung gesagt: »Meine Pädagogik ist hart. Das Schwache muss weggehämmert werden. [...] Eine gewalttätige, herrische, unerschrockene, grausame Jugend will ich. [...] Stark und schön will ich meine Jugend. Ich werde sie in allen Leibesübungen ausbilden lassen. Ich will eine athletische Jugend. Das ist das Erste und Wichtigste. So merze ich die Tausende von Jahren der menschlichen Domestikation aus. So habe ich das reine, edle Material der Natur vor mir. So kann ich das Neue schaffen.«[1] Von Anfang an war die nationalsozialistische Pädagogik darauf ausgerichtet, die Jugend zum Krieg zu erziehen. Dem mussten sich auch die Lehrer unterordnen, die genaue Instruktionen bekamen, was sie zu unterrichten hatten, bis hin zur Rassenkunde. Missliebige Lehrer, Kommunisten und Juden wurden aus dem Schuldienst entlassen, manchmal auch inhaftiert.

Selbst die Kirche hat sich dem Regime angepasst. Am 20. Juli 1933 wurde zwischen Papst Pius XI. und Hitler-Deutschland der erste internationale Vertrag geschlossen, Bischöfe wurden auf das neue Deutschland eingeschworen, im Gegenzug den Katholiken die Freiheit ihres Glaubens

---

1 Hermann Rauschning, *Gespräche mit Hitler*, Zürich / New York 1940, S. 237.

gestattet. In der Praxis aber wurden auch die Katholiken behindert und unterdrückt, manche Priester gingen in den Widerstand, andere unterwarfen sich, viele resignierten. Auch diese zwiespältige Rolle der Kirche wird im Roman thematisiert.

Schon 1934 hatte Horváth einen Roman begonnen, den er nicht abschloss: *Der Lenz ist da! Frühlingserwachen in unserer Zeit*. Mehrere Aspekte aus diesem Fragment übernahm er in *Jugend ohne Gott*: die Jugendbande, die Schulklasse aus der Stadt, die in einer armen, bäuerlichen Umgebung in einem Lager lebt, die Mädchenklasse. Auch hier spricht Horváth von einem autoritären Staat.

In nur zwei Wochen schrieb Horváth den Roman 1937 nieder, am 13. Juli 1937 schloss er einen Vertrag mit dem Verlag Allert de Lange in Amsterdam, der den Roman noch im selben Jahr publizierte. Am 28. November erschien eine erste Rezension in der Baseler Nationalzeitung, im März 1938 wurde der Roman in Deutschland verboten.

2. Inhalt

Zusammenfassung

Jugend ohne Gott erzählt die Geschichte eines jungen Lehrers in einem diktatorischen Staat. Der Lehrer, der im Roman keinen Namen hat, glaubt zwar nicht mehr an Gott, aber noch an humanistische Werte und moralische Ideale. Die offiziellen Meinungen, die im Radio, in der Zeitung und auch von seinen Schülern verkündet werden, widern ihn an. Er merkt auch, dass er die Schüler nicht mehr erreicht. Als er meint, dass auch die Neger Menschen seien, wird er von einem Schüler denunziert und muss zum Direktor, der ihn ermahnt. Ab jetzt wird er systematisch von seinen Schülern bespitzelt, sie wollen einen anderen Lehrer haben.

Zunächst ist der Lehrer geneigt, sich unterzuordnen, sein Widerstreben kämpft mit der Angst um seine Stelle. Aber dann passieren mehrere Dinge, die ihn umschwenken lassen. Er trifft einen ehemaligen Kollegen mit dem Spitznamen Julius Caesar, einen kritischen Mann, der sich jetzt als Hausierer durchschlägt. In den Osterferien muss der Lehrer mit den Schülern in ein Zeltlager, wo sie eine vormilitärische Ausbildung bekommen. Er beobachtet eine Bande von Jugendlichen, die eine alte Frau berauben; er muss in einen Streit zwischen Z und N eingreifen, weil Z immer Tagebuch schreibt, für N Anlass zu Sticheleien; schließlich liest er heimlich das Tagebuch. Darin steht auch, dass sich der Junge heimlich mit einem Mädchen trifft.

Ein paar Tage später wird N tot im Wald gefunden. Z gesteht, dass er ihn erschlagen hat. Während des Prozesses sagt der Lehrer, der vorher immer geschwiegen hat, die Wahrheit: dass er das Kästchen mit dem Tagebuch aufgebrochen hat. Natürlich wird er vom Dienst suspendiert. Es kommt auch heraus, dass Z die Tat nicht begangen hat; alle glauben, er wollte das Mädchen decken. Das Mädchen wird verurteilt, obwohl es die Tat leugnet und noch von einem anderen Jungen spricht, der da gewesen wäre und N erschlagen hätte. Der Lehrer redet mit T, den er in Verdacht hat, der aber leugnet. Ein anderer Schüler glaubt dem Lehrer, heimlich hat er sich mit anderen getroffen, die alle gegen das Regime sind und dem Lehrer jetzt helfen wollen. Auch Julius Caesar will helfen. Mit einem Trick wollen sie T in eine Falle locken.

Schließlich bringt sich T um. Bei der Untersuchung des Selbstmords kommt heraus, dass er tatsächlich der Mörder ist. Am Schluss bekommt der Lehrer eine Stelle in Afrika und kann das Land verlassen.

Die Neger

Es ist der 25. März. Der Ich-Erzähler, ein 34-jähriger Lehrer, hat Geburtstag. Auf seinem Tisch steht ein Strauß Blumen, seine Mutter und sein Vater haben ihm jeweils einen fast gleichlautenden Brief geschrieben. Er muss Arbeiten korrigieren. Er ist nicht zufrieden, beschmiert sich ungeschickt die Finger mit roter Tinte; aber er redet sich gut zu, immerhin hat er eine feste Anstellung als Lehrer am Städtischen Gymnasium, später wird er sogar eine Pension erhalten. Er ärgert sich etwas darüber, dass es draußen so schön ist und er 26 Hefte korrigieren muss. Das von der Behörde vorgeschriebene Thema lautete: »Warum müssen wir Kolonien haben?« Der Ich-Erzähler beginnt, alphabetisch sortiert, mit dem Aufsatz eines Schülers, der die offizielle Version aufgeschrieben hat: »Wir brauchen die Kolonien [...], weil wir zahlreiche Rohstoffe benötigen« (12) und ohne die Rohstoffe »der heimische Arbeitsmann wieder arbeitslos werden würde« (13). Der Lehrer korrigiert rasch, denn er will noch ins Kino, Kritik will er eigentlich nicht an den Meinungen der Schüler üben, denn: »Wenns auch weh tut, was vermag der einzelne gegen alle« (13). Aber als er bei seinem Schüler N liest: »Alle Neger sind hinterlistig, feig und faul« (13), streicht er den Satz durch und will schon daneben schreiben, das sei eine sinnlose Verallgemeinerung. Dann aber fällt ihm ein, dass er diesen Satz im Radio gehört hat. Also lässt er ihn doch stehen. Er bemerkt, dass das Heft von W fehlt, dann fällt ihm ein, dass dieser krank war, weil er am Sonntag im Stadion gewesen ist, obwohl es in Strömen geregnet hat. Auch er ist im Stadion gewesen, mit dreißigtausend anderen Zuschauern, obwohl das Spiel nicht besonders gut gewesen ist. Aber bei so einem Spiel »existiert für den Zuschauer nichts auf der Welt, außer dem Fußball« (14). Alles andere ist dann vergessen – auch die Neger.

Es regnet

Am nächsten Morgen geht der Lehrer in die Schule und sieht, dass fünf Jungen einen Mitschüler verprügeln. Er schreit sie wütend an, dass sie doch wenigstens fair kämpfen sollten. Dann fragt er, was der Schüler ihnen denn getan habe. Er erfährt: gar nichts. Die fünf haben ihm erst seine Semmel weggenommen, aber nicht, weil sie selbst keine hatten, nur aus Bosheit und sie dann aus dem Fenster geworfen. Er fragt sie, ob sie sich nicht schämen. Aber sie schämen sich nicht, sie verstehen auch den Lehrer nicht: »Ich rede eine andere Sprache« (16). Als er ins Lehrerzimmer geht, sind die Schüler still: »Sie wundern sich« (16).

Die reichen Plebejer

In der Geographiestunde muss der Lehrer die korrigierten Aufsätze zurückgeben. Inhaltlich will er nichts gegen sie einwenden, er spricht also nur »über Sprachgefühl, Orthographie und Formalitäten« (16), dass man nicht über den Rand schreibe und dass die Absätze größer sein müssen. Dem N aber sagt er doch, dass die Neger auch ein Recht auf Leben haben: »Auch die Neger sind doch Menschen« (17). Er sieht, wie ein unangenehmer Zug über Ns Gesicht gleitet.

Neger sind auch Menschen

Am nächsten Tag kommt Ns Vater in die Sprechstunde des Lehrers und sagt, sein Sohn habe ihm erzählt, dass der Lehrer »eine schier unerhörte Bemerkung fallen gelassen« (18) hätte: auch die Neger seien Menschen. Herr N fragt, ob das stimmt, und ist empört: »Das ist Sabotage am Vaterland!« (19). Er wirft dem Lehrer Humanitätsduselei vor und droht ihm.

Zwei Tage später muss der Lehrer zum Direktor. Der hat einen Brief von der Aufsichtsbehörde bekommen: Herr N hat sich offiziell beschwert. Der Direktor versteht den Lehrer, weist ihn aber auf ein geheimes Rundschreiben hin: »Wir müssen von der Jugend alles fernhalten, was nur in irgendeiner Weise ihre zukünftigen militärischen Fähigkeiten beeinträchtigen könnte – das heißt: wir müssen sie moralisch zum Krieg erziehen!« (19 f.). Der Direktor merkt, dass sich der Lehrer über ihn wundert. Früher hat er Friedensappelle unterschrieben, jetzt ist er dafür, die Jugend auf den Krieg vorzubereiten. Der Direktor erklärt ihm, dass er das nicht macht, weil er Angst hat oder sich zwingen lässt, aber er will die volle Pension erhalten. Der Direktor sagt, dass man in einer plebejischen Welt lebt. Der Lehrer wendet ein, dass doch nur das Geld regiert, aber der Direktor erinnert ihn daran, dass es auch unter den Römern schon reiche Plebejer gegeben hat. Der Geschichtslehrer erinnert sich, dass die reichen Plebejer das Volk verließen und mit den Patriziern den neuen Amtsadel bildeten, die so genannten Optimates.

Die reichen Plebejer

Das Brot

In der nächsten Stunde bekommt der Lehrer von der Klasse, in der er etwas über die Neger gesagt hat, einen Brief überreicht, den alle unterschrieben haben: »Wir wünschen nicht mehr, von Ihnen unterrichtet zu werden, denn nach dem Vorgefallenen haben wir Endesunterzeichneten kein Vertrauen mehr zu Ihnen und bitten um eine andere Lehrkraft« (21 f.). Alle haben unterschrieben. Der Lehrer sagt, dass auch er keine Lust mehr habe, sie zu unterrichten, und beginnt seine Handlungsweise zu erklären, als er merkt, dass einer der Schüler mitstenographiert. Die Schüler grinsen ihn an.

Der Lehrer geht zum Direktor, der nur meint, die anderen Schüler seien auch nicht besser, in die Klasse geht und die Schüler anschreit. Der Lehrer bewundert seine schauspielerische Leistung. Danach weiß der Lehrer, dass die Schüler ihn hassen, dass sie ihn ruinieren wollen, »und alles, nur weil sie es nicht vertragen können, daß ein Neger auch ein Mensch ist« (23). Er schwört sich, dass er sich das nicht gefallen lassen und ihnen so lange erzählen wird, dass es keine Menschen außer ihnen gibt, »bis euch die Neger rösten« (23).

Die Pest

Der Lehrer ist sich sicher, dass die Jungen ihn vernichten wollen. Er weiß, dass sie glauben, im Recht zu sein, und findet es schlimm, dass sie alles ablehnen, was ihm heilig ist, schlimmer aber findet er, dass sie etwas ablehnen, ohne es zu kennen, und dass sie es überhaupt nicht kennen lernen wollen: »Alles Denken ist ihnen verhaßt« (24). Ihr höchstes Ziel ist es, als Held zu sterben. Dem Lehrer fällt zwar noch ein, dass sie eine große Tugend ist, diese Bereitschaft zum Opfer, wenn es um eine gerechte Sache geht. Aber sofort relativiert er dies. Im Radio wird gesagt, dass alles richtig ist, was der Gemeinschaft nützt. Und das ist, meint der Lehrer, der »Standpunkt des Verbrechers« (24).

Wieder fallen ihm die reichen Plebejer im alten Rom ein, die zu Diktatoren wurden, als sie fürchteten, dass das Volk Steuersenkungen durchsetzen würden. Wie so viele andere Verbrechen, wurden auch die der reichen Plebejer verschwiegen, heute ist man stolz auf sie: »Es ist eine Pest« (24).

Er wünscht, die jetzigen reichen Plebejer wären alle tot. Dann flieht er aus dem Zimmer, er will in ein Café. Er geht ins Kino, wo er die reichen Plebejer in der Wochenschau sieht, dann einen Zeichentrickfilm, dann eine Kriminalgeschichte. Nach dem Kinobesuch geht er in eine Bar, wo sich eine Frau neben ihn setzen will. Er weist sie brüsk zurück.

Das Zeitalter der Fische

Nach dem sechsten Schnaps will der Lehrer eine Waffe er-
finden, mit der man jede Waffe um ihren Effekt bringen
kann, aber er ist kein Erfinder und merkt, dass er betrunken
ist. Er trinkt weiter. Etwas später steht ein ehemaliger Kollege vor ihm, ein Altphilologe am Mädchenlyzeum. Er hatte sich mit einer Minderjährigen eingelassen und wurde zu
Haft verurteilt. Nach seiner Entlassung ging er hausieren,
man sah ihn mit einer Krawattennadel, in der die Augenhöhlen eines Totenkopfs rot aufleuchteten. Der Lehrer
nennt ihn Julius Caesar.

Julius Caesar tadelt den Lehrer, er rede unausgegorenes
Zeug. Dann erklärt er ihm die Lage: Es gehe doch wohl
hauptsächlich um die Pubertät. Er, der etwa sechzig Jahre alt
ist, sei in seiner Jugend ohne Frauen gewesen, habe sich
selbst befriedigt und deswegen Angst vor den gesundheit-
lichen Konsequenzen gehabt, die man seiner Generation damals einredete. »Mit anderen Worten: wir stolperten über
das Weib und schlitterten in den Weltkrieg hinein« (28).

Während der Pubertät des Lehrers im Krieg habe es keine
Männer gegeben, die Frauen stürzten sich auf die Heran-
wachsenden. Die Frau sei deswegen für seinesgleichen keine
Heilige mehr: »In diesem Fall stolperten die Weiber über
euch Jünglinge und schlitterten in die Vermännlichung hinein« (28).

Den heute Vierzehnjährigen sei die Frau kein Problem,
denn es gebe keine richtigen Frauen mehr, »es
gibt nur lernende, rudernde, gymnastiktreibende, marschierende Ungeheuer« (29), die
immer reizloser würden. Die heutige Jugend
habe also gar keine Pubertät mehr. Außerdem würde sie

*Keine richtigen
Frauen mehr*

durch zu großes Pathos in der Öffentlichkeit verdorben und habe es auch zu einfach in der Schule, denn sie müsste nur noch das wiedergeben, was im Radio komme.

Julius Caesar kennt allerdings auch einzelne Jungen, die heimlich Verbotenes lesen, philosophische Werke über die Würde des menschlichen Lebens, und er kennt eine Dame, bei der heimliche Treffen stattfinden. Zum Abschluss sagt er noch, es käme das Zeitalter der Fische, da »wird die Seele des Menschen unbeweglich wie das Antlitz eines Fisches« (30).

Mehr weiß der Lehrer nicht mehr, er wacht in einem fremden Bett auf, neben einer Frau. Als er ans Fenster tritt, ist es noch Nacht und neblig, er sieht nicht hinaus: »Sonst schwimmen die Fische ans Fenster und schauen hinein« (30).

Der Tormann

Als der Lehrer am nächsten Morgen nach Hause kommt, wartet seine Vermieterin schon auf ihn. Sie fragt ihn, wo er gewesen sei, und erzählt, dass schon seit zwanzig Minuten ein Herr auf ihn warte. Es ist der Vater von W, der sich im Stadion die Grippe geholt hat. Der Junge, sagt er, werde sterben, phantasiere stark und verlange immer wieder, den Tormann der Fußballmannschaft zu sehen. Der Vater fragt den Lehrer, ob er nicht wisse, wo man diesen Tormann finden könne.

Der Lehrer kennt den Fußballer, er wohnt in seiner Nähe. Der Tormann ist sofort bereit mitzukommen. Sie gehen in das Schlafzimmer des Jungen. Der Tormann erzählt dem Jungen Fußballgeschichten von Siegen und Niederlagen, spielt ihm manche Szenen vor und erzählt von fremden Ländern. Während dieser Erzählungen schläft der Junge sterbend friedlich lächelnd ein.

Die Beerdigung findet am Mittwoch statt, die ganze Klasse, der Direktor, die Eltern und einige Verwandte sind anwesend. Der Lehrer beobachtet den Schüler N. Plötzlich sieht der ihn an, und der Lehrer erkennt, dass dieser sein Todfeind ist. Der Lehrer versucht, sich nichts anmerken zu lassen. Dann nimmt er wahr, dass auch T ihn anstarrt, der überlegen und spöttisch lächelt. Er hat zwei helle runde Augen ohne Schimmer und Glanz: »Ein Fisch?« (34).

Der totale Krieg

Vor drei Jahren hat die Aufsichtsbehörde verfügt, dass alle Schüler in den Osterferien in ein Zeltlager gehen, zu einer vormilitärischen Ausbildung. Zehn Tage lang müssen sie, unter Aufsicht des Klassenlehrers, in Zelten kampieren und werden von Unteroffizieren im Exerzieren, Marschieren und Schießen ausgebildet. Auch dieses Jahr fährt der Lehrer mit seiner Klasse aufs Land, das Dorf liegt in der Nähe der großen Berge. Der Bürgermeister erzählt ihm von einem stillgelegten Sägewerk, der Pfarrer macht ihn auf ein nahes Schloss aufmerksam, in dem Mädchen einquartiert sind, die etwa so alt wie die Jungen aus seiner Klasse sind.

| Im Zeltlager |

Im Lager angekommen, bauen sie drei Stunden lang die Zelte auf und die Schießscheiben, zünden Feuer an, kochen und singen Soldatenlieder. Der Lehrer denkt an W, der sicherlich nichts gegen Neger geschrieben hätte und der wohl deswegen wegmusste und jetzt vielleicht im Himmel ist, mit lauter seligen Fußballspielern. Der Feldwebel, im selben Zelt wie der Lehrer, sagt: »Morgen beginnt der Ernst« (37).

Die marschierende Venus

Am nächsten Morgen wird zuerst exerziert. Als N den Z beschimpft, tadelt der Feldwebel ihn, heutzutage gebe es keine Beschimpfungen von Soldaten mehr. Dann marschieren sie in den Wald. Der Lehrer und zwei Jungen bleiben zurück, B und M. Eine Gruppe von Mädchen marschiert mit ihrer Lehrerin auf sie zu, sie tragen Rucksäcke und singen Soldatenlieder. Als der Lehrer feststellt, dass sie alle überhaupt nicht attraktiv sind, sagt die Lehrerin, sie legten keinen Wert auf Äußerlichkeiten, sie »legen mehr Wert auf das Leistungsprinzip« (40). Dem Lehrer fällt Julius Caesar ein. Vor dem Weitermarsch erzählt die Lehrerin, sie würden ein Spiel spielen, den verschollenen Flieger suchen, einen im Unterholz versteckten weißen Karton. Es ist ein neues wehrsportliches Spiel für die Mädchen.

Unkraut

Der Lehrer geht spazieren. Hinter dem Hügel liegt ein Bauernhof, es ist kein Mensch zu sehen. Hinter einer Hecke sieht er zwei Jungen und ein Mädchen, die sich verstecken. Es kommt ein Fuhrwerk vorbei, dann geht einer der Jungen an die Haustür und klopft laut. Es kommt eine alte Frau heraus, die schreit: »Wer ist denn da?!« (42). Sie ist wohl blind.

Überfall auf die blinde Frau

Sie geht an dem Jungen vorbei, das Mädchen macht ein Zeichen zur offenen Tür hin, der Junge schleicht hinein. Dann hört man ein Geräusch aus dem Haus, die alte Frau schreit um Hilfe, das Mädchen hält ihr den Mund zu, der Junge kommt aus dem Haus mit einem Brot und einer Vase, die drei Jugendlichen laufen davon. Der Lehrer will helfen, er kommt aber zu spät. Mit einem Bauern hilft er der Blinden ins Haus. Der Bauer erzählt: »Sie stehlen wie die Raben, eine ganze Räuberbande. […] Es ist Unkraut und gehört vertilgt« (42).

Der verschollene Flieger

Der Lehrer geht zum Lager zurück und denkt über den Vorfall nach. Er merkt, dass er nicht empört ist, weiß aber nicht, warum. Im Unterholz findet er den Karton, auf dem »Flieger« steht. Er belauscht zwei Mädchen, die keine Lust mehr haben, diesen »Flieger« zu suchen: »Was geht er mich denn an, der verschollene Flieger? […] Vom mir aus soll er draufgehen, der verschollene Flieger, ich möcht auch leben! Nein, ich will fort, Annie, fort!« (44). Annie tröstet sie und sagt, die Männer seien schuld an allem: »Mama sagt immer, die Männer sind verrückt geworden und machen die Gesetze« (44). Der Lehrer merkt, dass sie Recht hat. Auch er ist zu feige, sich dagegen zu wehren.

Geh heim!

Im Lager redet der Lehrer mit dem Feldwebel, der im Weltkrieg schon dabei war. Glücklicherweise erzählt dieser nicht vom Krieg, denn er hat, wie er sagt, drei erwachsene Söhne.

Der Lehrer denkt: »Ein Mensch« (45). Als er von der Räuberbande erzählt, ruft der Feldwebel die Jungen zusammen und teilt Wachen für die Nacht ein.

Nach dem Mittagessen trifft der Lehrer beim Bürgermeister den Pfarrer und geht mit ihm durch das Dorf. In einer Seitenstraße wohnen arme Leute, die in Heimarbeit Puppen anmalen. Die Augen der Kinder, die auch arbeiten müssen, sind voller Hass. Im Pfarrhaus betrachtet der Lehrer ein Bild: »Gott hängt am Kreuz. Er ist gestorben« (47). Neben Maria und Johannes steht ein römischer Soldat. Der Lehrer denkt darüber nach, dass er im Krieg, als er jung war, den Glauben verloren hat, weil er nicht verstehen konnte, dass Gott einen Weltkrieg zulässt. Dann bekommt er Sehnsucht nach seinem Elternhaus. Es fällt ihm seine erste Liebe ein, die Bank, auf der er gesessen und überlegt hat, was er werden wollte, Arzt oder Lehrer. Jetzt weiß er: »Mein Beruf freut mich nicht mehr« (47).

Auf der Suche nach den Idealen der Menschheit

Der Lehrer redet mit dem Pfarrer über die Kinder. Der Pfarrer betont, dass er mit jedem ganz offen spricht, auch mit dem Lehrer des Dorfes, der mit ihm über die Kinder debattiert. »Unser Lehrer hier ist der Meinung, daß wir durch die überhastete Entwicklung der Technik andere Produktionsverhältnisse brauchen und eine ganz neuartige Kontrolle des Besitzes. Er hat recht« (48). Der Lehrer wundert sich, er meint, dass die Kirche immer auf der Seite der Reichen stehe. Der Pfarrer stimmt ihm zu: Reich und arm werde es immer geben, »genau wie dumm und gescheit« (49). Und die Kirche habe nicht die Macht, das zu ändern. Der Staat sei nämlich »naturnotwendig, also gottgewollt« (49), wenn auch ungerecht, auf Eigenliebe, Heuchelei und roher Gewalt aufgebaut. Nur der Staat sei gottgewollt, aber nicht die jeweilige staatliche Ordnung, und die Reichen würden immer die Macht haben. Der Lehrer meint: »Eine feine Moral!« (51).

Die Kirche kämpfe zwar auch für die Armen, aber an der himmlischen Front. Der Pfarrer bedauert, dass die Kinder verhetzt seien und ihn nicht grüßen, denn schließlich gehe Gott auch durch ihre Gasse. Am Ende fügt er noch hinzu: »Gott ist das Schrecklichste auf der Welt« (52). Als er sagt, Gott straft, gesteht ihm der Lehrer, dass er nicht an Gott glaube, und erst recht nicht an die Erbsünde. Der Pfarrer liest ihm eine Passage des griechischen Philosophen Anaximander von Milet vor, der von einer »Schuld des Daseins« (53) geschrieben hat.

> Gott ist das Schrecklichste

Der römische Hauptmann

Im Lager putzen die Jungen die Gewehre, morgen werden sie damit schießen, es gefällt ihnen im Lager sehr. Der Feldwebel hat sich den Fuß verstaucht und eine Sehne gezerrt. Er erzählt dem Lehrer, dass er Lust hat, kegeln zu gehen, Karten zu spielen und in einem Wirtshaus zu sitzen. Er träumte, dass er ein General ist. Der Lehrer meint, es sei ein Wunschtraum.

Einer der Jungen, L, meldet, dass ihm sein Fotoapparat gestohlen wurde. Der Lehrer und der Feldwebel lassen die Kinder antreten, sie meinen, die Wachen hätten nicht richtig aufgepasst. Sie beschließen, die Wachen zu überwachen. In der Nacht denkt der Lehrer über seinen Beruf nach. »Es ist wahr: mein Beruf freut mich nicht mehr« (53). Wegen des römischen Soldaten auf dem Bild, der Gott erkannte und wusste, dass seine Welt untergehen wird. Der Lehrer fragt sich, was aus ihm geworden ist, ob er im Krieg gefallen ist, ob er alt und pensioniert wurde. »Und der römische Hauptmann wußte es, die Barbaren werden alles zertrümmern« (56).

Der Dreck

Der Lehrer denkt über Gott nach. An den Teufel glaubt er, aber dass er nicht an Gott glaubt, ist für ihn ein Ausdruck seines freien Willens. Wie auf einem Ball kommen die Gedanken und tanzen miteinander: »Die Feigheit mit der Tugend, die Lüge mit der Gerechtigkeit, die Erbärmlichkeit mit der Kraft, die Tücke mit dem Mut. Nur die Vernunft tanzte nicht mit« (58).

Z und N

Der Lehrer merkt, dass bei einer Wache zwei Jungen miteinander sprechen. Z, die Wache, bekommt einen Brief und liest ihn, als der andere verschwunden ist. Der Lehrer will unbedingt den Brief lesen, sagt aber dem Feldwebel nichts davon. Am Morgen behauptet der, die Jungen hätten miserabel aufgepasst.

Am Nachmittag kommt R, er möchte in einem anderen Zelt schlafen, weil seine beiden Mitbewohner, Z und N, ununterbrochen streiten und raufen. N erzählt, Z würde ihn immer aufwecken, weil er nachts Tagebuch schreibt, er erklärt ihn für blöd und zitiert einen altklugen Satz. Z sagt, er raufe mit N, weil der ein Plebejer sei: »Er kann es nämlich nicht vertragen, daß man über sich nachdenkt. Da wird er wild« (61). Der Lehrer beschließt, das Tagebuch zu lesen.

Adam und Eva

Als die Jungen zu einer Übung ausrücken, bleibt der Lehrer allein zurück und durchstöbert die Zelte der Schüler. Er liest einen Brief, den Frau N an ihren Sohn geschrieben hat, und öffnet dann *Adam und Eva* das Kästchen, in dem das Tagebuch von Z liegt. Auch den von ihm gesuchten Brief findet er: »Kann heute nicht kommen, komme morgen um zwei – Eva« (64). Im Tagebuch liest er Zs Beobachtungen über das Lagerleben: Bei einem Ausmarsch verirrt sich dieser und trifft in einer Höhle ein Mädchen und zwei Jungen, die ein Brot und eine Vase bei sich haben. Das Mädchen zeigt ihm den Rückweg und nimmt ihm das Versprechen ab, sie nicht zu verraten. Sie gibt ihm einen Kuss dafür. Dann geraten sie in Streit und prügeln sich. Als sie stürzt und liegen bleibt, denkt er zuerst, sie sei tot. Aber als sie blinzelt, fasst er unter ihren Rock und reißt ihn hoch: »Sie hatte keine Hosen an. Sie rührte sich aber noch immer nicht und mir wurde es ganz anders. [...] Wir liebten uns« (66). Die nächsten Tage träumt er von ihr. In der nächsten Nacht kommt sie zu ihm, als er Wache steht, und sie lieben sich wieder. Sie weint und erzählt von ihrer traurigen Vergangenheit, dass sie stehlen würde, um zu

überleben, und die Anführerin von vier Jungen aus dem
Dorf sei. Sie gesteht ihm auch, dass die Jungen im Lager
stehlen, während sie bei ihm liegt. Er meint, es wäre recht,
nur ihm dürften sie nichts stehlen. Dass L ein Fotoapparat
gestohlen wurde, ist ihm egal: »Sein Vater hat drei Fabriken
und die arme Eva muß in einer Höhle wohnen. Was wird sie
machen, wenn Winter ist?« (68). Als letzter Satz steht im Tagebuch: »Jeder, der mein Kästchen anrührt, stirbt« (69).

Verurteilt

Es gelingt dem Lehrer nicht, das Kästchen wieder zuzu-
schließen, als die Jungen zurückkommen. Er weiß aber
noch nicht, was er tun wird. Etwas später schlägt Z seinen
Zeltnachbarn N, weil er meint, er habe das Kästchen aufgebrochen. Der Lehrer gibt nicht zu, dass er es war, der das
Tagebuch gelesen hat. »Wie ein Raubvogel zieht die Schuld
ihre Kreise. Sie packt uns rasch« (71). Er will es ihm später
sagen. Plötzlich merkt er, dass ihn T anstarrt, wie damals bei
der Beerdigung: »Weiß er, daß ich es bin, der das Kästchen
erbrach?« (72).

Der Mann im Mond

In der Nacht schleicht sich der Lehrer in den Wald, um
mit Z zu reden. Er betrachtet den Mond: »Es gibt einen
Mann im Mond [...], der sitzt auf der Sichel, raucht seine
Pfeife und kümmert sich um nichts. Nur manchmal
spuckt er auf uns herab. Vielleicht hat er recht« (73). Spät
kommt das Mädchen, Z und das Mädchen umarmen und

küssen sich. Dann ist sie nackt, der Lehrer ist von ihr fasziniert und traut sich nicht, zu ihnen zu gehen. Es wird immer dunkler, der Lehrer will zurück. Da fasst er plötzlich in ein Gesicht. Er erschrickt, dann weiß er nicht, ob er sich getäuscht hat.

Der vorletzte Tag

Als der Lehrer am nächsten Morgen aufwacht, sind die Jungen schon weg, sie kommen mittags wieder, aber ohne N. Z sitzt im Zelt und schreibt in sein Tagebuch, er hat zerkratzte Hände. Z sagt, N habe ihm gestanden, er hätte das Kästchen aufgebrochen. Er habe um Verzeihung gebeten, Z habe ihm vergeben. Der Lehrer merkt, dass er sich schuldig gemacht hat: »Weil ich mich schämte, vor meinen Herren Schülern zu gestehen, daß ich heimlich mit einem Draht ein Kästchen erbrochen hab […]. Aber warum verschlief ich nur heute früh? Richtig, ich saß ja in der Nacht im Wald und machte das Maul nicht auf« (78). Für ihn ist das Leben voller »Pfade der Schuld«, sie »berühren sich, kreuzen, verwickeln sich. Ein Labyrinth« (78). Am Nachmittag suchen sie alle N, es regnet so stark, dass der Feldwebel von einer »Sündflut« (79) redet.

Der letzte Tag

Am nächsten Tag kommen zwei Waldarbeiter ins Lager. Sie haben N gefunden, mit »einer klaffenden Kopfwunde« (80). Er ist tot, erschlagen. Die Polizei untersucht den Tatort, findet einen

N ist tot

blutbefleckten Stein, einen Bleistift und einen Kompass, der Rock des Jungen ist zerrissen, seine Hände zerkratzt. Keiner weiß etwas. Auch der Lehrer erzählt nicht, dass Z zerkratzte Hände hat. Als R von den Streitereien zwischen N und Z erzählt und dem Aufbrechen des Tagebuchs, gesteht Z die Tat.

Die Mitarbeiter

Einen Tag vor dem Prozess liest der Lehrer die Zeitungen, die alle über die Tat berichten. Es gibt auch einen Artikel über den Lehrer: »Der Lehrer sagte, er stehe vor einem Rätsel, und zwar nach wie vor« (83). Z sei immer ein guter Schüler und nie auffällig gewesen. Auch eine »Verrohung der Jugend« weigert er sich als Grund für die Tat anzuerkennen: »Die heutige Jugend [...] sei keineswegs verroht« (83). Sie sei »pflichtbewußt, aufopferungsfreudig und absolut national« (83). Die Tat sei ein Einzelfall.

In einem anderen Artikel beschuldigt Bäckermeister N den Lehrer, Zs Mutter verweigert jegliche Aussage. Der junge Anwalt, der Z verteidigt, meint, er müsse seine »Klinge nicht nur gegen die Staatsanwaltschaft, sondern auch gegen den Angeklagten« (85) führen. Er meint, der Junge decke jemanden, nämlich das Mädchen.

Mordprozess Z oder N

Das Gerichtsgebäude ist voll, vor allem die Damen wollen Z sehen: »Sie lagen mit dem Unglück anderer Leute im Bett und befriedigten sich mit einem künstlichen Mitleid« (87).

Der Mordprozess

Als Z hereingeführt wird, richten sich alle Blicke auf ihn. Z starrt seine Mutter an, die tief verschleiert in der Menge sitzt.

Schleier

Der Präsident des Jugendgerichtshofes, ein »freundlicher Großpapa« (89), nickt, als die Anklage auf meuchlerischen Mord, nicht Totschlag, lautet. Z soll von seinem Leben erzählen. Er ist das einzige Kind, seine Kindheit war »wie bei allen Kindern« (89), er wollte mal Erfinder werden oder Flieger. Er erzählt vom Lagerleben und berichtet, der Lehrer habe immer nur gesagt, wie es auf der Welt sein sollte, »und nie, wie es wirklich ist« (90). Auf die Frage des Richters sagt er, dass er an Gott glaube und die Tat bereue.

Dann erzählt er den Tathergang. In der Nähe der Höhle habe er N getroffen, sie hätten angefangen zu raufen, dann sei ihm rot vor Augen geworden und er habe einen Stein geworfen. Wo, habe er vergessen, er erinnere sich an nichts. Erst, dass er im Lager saß und Tagebuch geschrieben hat, weiß er wieder.

Den Bleistift und den Kompass, behauptet der Richter zunächst, gehörten N, dann liest er in den Akten, dass der Kompass doch nicht dessen Eigentum sei. Z gibt an, dass er ihm gehöre, dass er es nur vergessen habe. Sein Verteidiger unterbricht mit der Bemerkung, dass der Kompass ihm vielleicht wirklich nicht gehört habe, sondern dass eine dritte Person bei der Rauferei dabei gewesen sei. Schließlich sagt Z, er möchte für das bestraft werden, was er getan habe. Der Verteidiger fragt ihn: »Denkst du denn gar nicht an deine Mutter, was die leidet?!« (93). Z und seine Mutter sehen sich an.

In der Wohnung

In der Verhandlungspause geht der Lehrer nach draußen.
Auf einer Bank sitzt Zs Mutter. Der Lehrer stellt fest, dass
er jetzt an Gott glaubt, ihn aber nicht mag: Er ist nicht gerecht. In einer Seitenstraße findet er ein Zigarettengeschäft.
Der alte Zigarettenhändler verrät ihm, dass man in diesem
Mordprozess Gottes Hand sehen könne, »denn in diesem
Fall scheinen alle Beteiligten schuld zu sein […]. Denn
nicht nur die Jugend, auch die Eltern kümmern sich nicht
mehr um Gott. Sie tun, als wär er gar nicht da« (95). Er sagt
dem Lehrer, dass Gott überall da wohnt, wo er nicht vergessen wurde.

Plötzlich hört der Lehrer eine Stimme hinter sich: Er soll
erzählen, dass er das Kästchen aufgebrochen hat, auch wenn
er seine Stellung verliert.

Der Kompass

Die Zeugenvernehmung geht weiter. Der Bäckermeister erwähnt auch die Ansicht des Lehrers über die Neger, die
Mutter erzählt, Z sei ein stilles, doch jähzorniges Kind gewesen. Dann fragt sie ihren Sohn, seit wann er denn einen
Kompass habe, er habe doch nie einen gehabt. Z sagt, seine
Mutter lüge. Z und seine Mutter streiten sich und schreien
sich an. Als der Junge ruft: »Das Mädel ist mehr wert wie
du!« (98), wird er zu zwei Tagen Haft wegen Zeugenbelei-
digung verurteilt. Sie streiten sich weiter, der Junge erzählt,
dass die Mutter ein Dienstmädchen so lange gequält habe,
bis es weggelaufen sei. Der Vater sei deswegen ausgezogen:
»Nein, Mutter, ich mag dich nicht mehr!« (99).

Das Kästchen

Der Lehrer muss seine Aussage machen. Als er anfangen
will, wird Eva gebracht, es gibt eine kleine
Unruhe im Saal. Der Lehrer gibt N und Z ein
gutes Zeugnis. Dann gesteht er, das Kästchen
aufgebrochen zu haben. Es gibt einen kleinen
Aufruhr im Saal. Der Lehrer erzählt alles und fühlt sich sehr
ruhig dabei. Der Staatsanwalt droht ihm Strafverfolgung
an, der Bäckermeister schreit, er habe seinen Sohn auf dem
Gewissen, und bekommt einen Herzanfall, seine Frau be-
schwört Gott. Aber der Lehrer fürchtet sich nicht vor Gott.
Als er aus dem Zeugenstand geht, sieht Eva ihn an: »still, wie
die dunklen Seen in den Wäldern meiner Heimat« (102).

> *Der Lehrer sagt*
> *die Wahrheit*

Vertrieben aus dem Paradies

Der Richter befragt Eva. Sie sagt aus, dass nicht Z den N
erschlagen habe. Sie hätten miteinander gerauft, Z sei unter-
legen und ohnmächtig geworden. Da hätte sie einen Stein
genommen und ihn schon werfen wollen, als ein fremder
Junge gekommen sei, ihr den Stein entrissen habe und N
hinterhergelaufen sei. Die beiden Jungen hätten miteinander
geredet und seien dann zusammen weggegangen. Darauf habe der Fremde mit dem Stein auf N eingeschlagen. Sie erzählt, dass Z ihr nicht geglaubt und gedacht habe, sie hätte
N erschlagen, und die Tat auf sich nehmen wollte. Sie habe
Angst vor der Besserungsanstalt gehabt. Erst jetzt hätte sie
die Wahrheit gesagt, weil auch der Lehrer dies getan habe.
Dann bekennt sie, dass sie Z nicht liebe und auch nie geliebt
habe. Sie habe ihn nur beschützen wollen.

Der Fisch

Eva sagt, sie würde den fremden Jungen wiedererkennen, sie erinnert sich daran, dass er helle, runde Augen hatte, wie ein Fisch. Der Lehrer springt auf und schreit: »Ein Fisch?!« (106). Er denkt an T, der am Grab so überlegen spöttisch gelächelt hat. »Hat er es schon gewußt, daß ich das Kästchen erbrochen hab? Hat auch er das Tagebuch gekannt? Hat er spioniert?« (106). Auf die Frage des Richters sagt der Lehrer aber nur, dass er etwas nervös ist, und verlässt den Saal. Er denkt daran, dass er jetzt angeklagt wird und seine Stellung verliert. Aber er macht sich keine Sorgen.

Er beißt nicht an

In der Morgenzeitung steht, dass Z nur wegen minderer Delikte verurteilt wurde, das Mädchen aber jetzt wegen »meuchlerischen Mordes« (107) angeklagt wird. Niemand habe Eva geglaubt. Als sie Z um Verzeihung bittet, weil sie ihn nie geliebt habe, entzieht er ihr seine Hand. Er hasst sie. Der Lehrer beschließt, den wahren Täter zu stellen. Da er das Gymnasium nicht mehr betreten darf, wartet er in der Nähe auf T. Er lädt ihn in eine Konditorei ein, um mit ihm zu sprechen. Er sagt, T ahne vielleicht, wer der fremde Junge gewesen sei, weil er doch immer spioniere. T gibt zu, dass er den Lehrer beobachtete, wie er Z und dem Mädchen zugesehen habe. Er war es, dem der Lehrer ins Gesicht gefasst hatte. T merkt, dass der Lehrer fragt, als ob er ihn für den Täter hält. Dabei habe er doch keine Fischaugen, sondern, wie seine Mutter meint, »helle Rehaugen« (111), der Lehrer aber habe in der Schule den Spitznamen »der Fisch« (111), weil

»Sie nämlich immer so ein unbewegliches Gesicht haben.
Man weiß nie, was Sie denken und ob Sie sich überhaupt um
einen kümmern« (111). T bricht ab und geht nach Hause.

Fahnen

Am »Geburtstag des Oberplebejers« (112) hängt die Stadt
voller Fahnen und Transparente, durch die Straßen marschieren Mädchen, Jungen und ihre Eltern, die alle an die
Lügen glauben, die auf den Transparenten stehen. »Und die
sie nicht glauben, marschieren ebenfalls mit. Divisionen der
Charakterlosen unter dem Kommando von Idioten« (112).
Schon am Abend zuvor hatte auch der Lehrer eine Fahne
aus dem Fenster gehängt. Dann fällt ihm ein, dass er ja seine
Stelle verloren hat, weil er »mit einem höheren Herrn« (113)
gesprochen hat. Die Welt draußen ist ihm jetzt sehr fern. Er
hört auch Eva nicht mehr schreien. »Sie weint nur leise.
Aber sie übertönt alles.«

Einer von fünf

Als der Lehrer sich gerade die Zähne putzt, besucht ihn der
Schüler B. Er weiß, wer den Kompass verloren hat, der T. Er
berichtet, dass er ihn überall gesucht habe, und ihm sogar einen Mord zutraue: »Ich traue jedem alles zu« (115). Einmal
habe T gesagt, er würde gerne einmal sehen, wie einer stirbt.
Plötzlich fällt dem Lehrer auf, dass B gar nicht mitmar-
schiert. Er hat sich krank gemeldet: »Ich mag nicht mehr
marschieren, und das Herumkommandiertwerden kann ich
auch nicht mehr ausstehen« (116). Er sagt, es seien schon vier

Schüler, die so denken. Damals, als der Lehrer das über die Neger gesagt habe, hätte er noch drei andere gefunden, die so dachten wie er. Auch ein Bäckerlehrling und ein Laufbursche seien zu ihrem Klub gestoßen, den sie gegründet haben: »Wir kommen wöchentlich zusammen und lesen alles, was verboten ist« (117). Aber sie spotten nicht, sondern reden darüber, wie es sein sollte auf der Welt. Dem Lehrer fällt die Zeugenaussage des Mädchens ein, der fremde Junge habe sich über den Toten gebeugt und ihn beobachtet. B bemerkt, der Lehrer sei der einzige Erwachsene, der die Wahrheit sage.

Der Klub

Der Klub greift ein

Am nächsten Tag geht der Lehrer mit B zum Untersuchungsrichter. Der lässt ihn nicht ausreden. Die Sache mit dem Kompass sei längst geklärt, der habe dem Bürgermeister des Dorfes gehört. Auf der Treppe treffen sie den Verteidiger, der sich für die Zeugenaussage bedankt. Der Junge sei von seiner Verliebtheit längst kuriert, aber das Mädchen liege mit Krämpfen im Krankenhaus. Der Lehrer fragt B, ob er wirklich den Spitznamen »Fisch« habe. B lacht: »Sie heißen: der Neger« (120). B ist überzeugt, dass der Kompass dem T gehört hat. Er will den Klub dazu bringen, dem Mädchen zu helfen.

Zwei Briefe

Die Eltern des Lehrers haben ihm einen entsetzten Brief geschrieben, weil er wegen seiner Zeugenaussage seine Stelle verloren hat. Der Lehrer schreibt zurück, dass Gott schon helfen wird. Dann zerreißt er den Brief. Den ganzen Tag versucht er, einen Brief an seine Eltern zu schreiben, es gelingt ihm nicht. In einer Bar trifft er Julius Caesar wieder, der ihn lobt. Der Lehrer erzählt ihm vom Fisch, Julius bietet ihm seine Hilfe an, ihn zu fangen. Nach dem Gespräch schreibt er den Brief, so wie er es schon anfangs vorgehabt hat.

Herbst

Am nächsten Tag bekommt der Lehrer den ersten Bericht des Klubs: »Nichts Besonderes vermerkt« (123). Der Lehrer denkt an das Mädchen, er weiß, dass er ihr helfen muss. Jeden Tag bekommt er Berichte vom Klub, nie ist etwas Besonderes vermerkt. Es wird Herbst.

Besuch

Eines Vormittags kommt der Pfarrer des Dorfs zu Besuch, in Zivil. Er lobt den Lehrer wegen seiner Aussage, er findet sie sehr tapfer. Er meint, der Lehrer sehe jetzt auch anders aus, heiterer. Dann fragt er ihn, was er denn jetzt machen wolle, da er ja wohl nie wieder an einer Schule unterrichten könne. Er hätte nämlich eine Stellung für ihn, in Afrika. »Bei den Negern?« (126), fragt der Lehrer und lacht. Er sagt dem Pfarrer, dass er zwar an Gott glaube, aber nicht daran, dass »die Weißen die Neger beglücken, denn sie bringen ihnen Gott als schmutziges Geschäft«. Er sagt, er werde nach Afrika fahren, aber zuerst müsse er das Mädchen befreien. Der Pfarrer rät ihm, seinen Verdacht der Mutter des Jungen mitzuteilen.

Die Endstation

Der Lehrer fährt zu Ts Mutter. Er fährt mit der Straßenbahn zur Endstation, bis ins Villenviertel. Sie wohnt in einem palastartigen Haus in einem Park. Er wird von einem Pförtner, dann von einem Diener empfangen und trifft auf der Treppe die berühmte Filmschauspielerin X, eine Freundin des Oberplebejers. In einem kleinen Salon mit kostbaren Möbeln und alten Stichen wartet er auf Ts Mutter. Als sich die Tür öffnet, steht nicht die Mutter vor ihm, sondern T selbst. Er sagt, seine Mutter habe keine Zeit. Sein Vater sei überhaupt nie da. Der Lehrer eröffnet T, er wolle mit den Eltern über ihn sprechen und sieht einen »Schimmer des Entsetzens« (131) in dessen Augen. Dann geht er.

Bei Ts Mutter

Der Köder

Als er nach Hause kommt, findet er den achten Bericht des Klubs. Sie haben T verfolgt, er kam aus dem Kino mit einer eleganten Dame, ging mit ihr in ein Haus und kam nach einer halben Stunde wieder heraus. Die Dame spuckte hinter ihm her. Der Lehrer geht zu diesem Haus und trifft das Fräulein Nelly. Er verspricht ihr ein Honorar, wenn sie eine Auskunft über T gegeben habe. Sie sagt, dass es widerlich gewesen ist: »Stellen Sie sich vor, er hat dabei gelacht« (133). Sie ist so wild geworden, dass sie ihm eine Ohrfeige gegeben hat. Er sei sofort zum Spiegel gelaufen und habe sich darin betrachtet. Sie treffe sich noch einmal mit ihm, weil ein anderer Mann sie um diesen Gefallen gebeten habe: »Er will einen Fisch fangen«

(133). Dem Lehrer wird schwindlig und wirr im Kopf: »Wer fängt den Fisch? Was ist los? Wer ist dieser fremde Herr?«

Im Netz

Als er nach Hause kommt, sitzt Julius Caesar in seinem Salon. Er sagt: »Ich habe den Fisch« (134). Er schwimme schon um den Köder herum, heute Nacht werde er anbeißen. Sie gehen in ein Animierlokal. Julius Caesar will ihm helfen, weil er gesehen hat, dass er nach der Unterhaltung so traurig am Tisch gesessen und einen Brief geschrieben hat.

Der N

Im Lokal erzählt Julius Caesar, dass die Damen sein Köder sind, auch Nelly. Julius Caesar erklärt seinen Plan: Sie wollten, dass »der Fisch seinen Mord wiederholt« (137). Sie wollten ihn betrunken machen, bis er einschläft, Nelly hätte sich auf den Boden legen sollen, eine andere der Damen hätte sie mit einem Leintuch zugedeckt. Dann hätte sie ihn wachrütteln und schreien sollen: »Was hast du getan?« (138). Julius Caesar wäre als Polizist aufgetreten, sie hätten eine große Szene aufgeführt. Er ist sicher, dass es geklappt und T sich verraten hätte. Aber er sei nicht gekommen. Am Schluss sagt Julius Caesar, der Lehrer denke nur an das Mädchen, aber er auch an den toten Jungen.

Das Gespenst

Der Lehrer geht heim, will schlafen und hört plötzlich N, der ihn der Mitschuld anklagt: »Wer hat denn das Kästchen erbrochen – ich oder Sie?« Dann erzählt N vom Geschichtsunterricht, in dem der Lehrer erzählt hat, dass im Mittelalter ein Henker den Delinquenten vor der Hinrichtung immer um Verzeihung gebeten habe, »denn eine Schuld kann nur durch Schuld getilgt« (140) werden. Der Lehrer will weg, kann aber nicht durch N hindurch. N fragt ihn, warum er immer nur an sich denkt. Er und der Fisch sind jetzt »ein und dasselbe« (140), weil »der Henker mit dem Mörder zu einem Wesen« (141) verschmilzt. N wirft ihm vor, dass er Mitleid mit T habe und schon gar nicht mehr an das Mädchen denke. Der Lehrer merkt, dass er gar nicht mehr weiß, wie sie ausgesehen hat.

Gespräch mit einem Geist

Das Reh

Mitten in der Nacht läutet es, die Kriminalpolizei kommt. Sie nehmen den Lehrer mit ins Villenviertel. In der Villa des T wird er verhört. Ein Funktionär fragt, was er hier gewollt hat. Der Lehrer erzählt von seinem Verdacht. Die Mutter des T klagt ihn an. Auf dem Toilettentisch hat sie einen Zettel gefunden: »Der Lehrer trieb mich in den Tod.« Man fand ihn erhängt, in der Nähe eines Grabens. Der Zettel ist unten abgerissen, als wenn er noch mehr geschrieben hätte. Der Lehrer fixiert die Mutter, ihm fällt ihre Eleganz auf. Seine Mutter hätte die gleichen Rehaugen wie er selbst, hatte T einst gesagt.

Die anderen Augen

Der Lehrer erzählt von dem fremden Jungen, der N erschlagen hat, und dass T immer zuschauen wollte, wie ein Mensch stirbt. Er will vom Sägewerk erzählen und den armen Kindern im Dorf, als er sieht, dass die Mutter nach draußen lauscht. Sie beginnt zu lächeln, zu lachen und zu schreien. »Ich höre nur das Wort ›Gott‹« (147). Plötzlich verliert sie ein Stück Papier, auf dem der Rest des Abschiedsbriefs steht: »Denn der Lehrer weiß es, daß ich den N erschlagen habe. Mit dem Stein –« (147). Die Mutter sieht den Lehrer plötzlich an, aber der Lehrer weiß, dass es nicht ihre Augen sind: »So schaut Gott zu uns herein« (148). Die Mutter beginnt jetzt auszusagen.

Der Fall ist gelöst

Über den Wassern

Der Lehrer fährt nach Afrika. Ein letzter Brief vom Klub ist gekommen. Eva ist glücklich, dass der Fisch gefangen wurde.

3. Personen

Der Lehrer. Hauptperson und zugleich Erzähler des Romans ist der Lehrer, dessen Name man nicht erfährt. Er ist 34 Jahre alt, der Roman beginnt an seinem Geburtstag, den er mit Korrigieren verbringt. Er ist unzufrieden mit seinem Beruf, denn er versteht die Schüler nicht und hat keinen Zugang zu ihnen. Vor allem die Leichtgläubigkeit der Schüler, ihre kritiklose Unterordnung unter das Regime und das Wiederkäuen der von der Obrigkeit vorgegebenen Meinungen widern ihn an.

Der Lehrer ist ein Außenseiter und Einzelgänger, Angehöriger einer Generation zwischen der Vorkriegsgeneration der Eltern und Julius Caesars und der Nachkriegsgeneration seiner Schüler. Kontakte zu anderen Lehrern aus seinem Kollegium hat er nicht, nicht einmal beruflich, nur zum Direktor, der ihm einmal die offizielle Beschwerde eines Vaters zu verkünden hat. Einen Tag später brüllt der Direktor die Klasse an, als diese in einem Brief die Ablösung des Lehrers verlangt. Nur mit Julius Caesar, einem ehemaligen Kollegen, den er eines Abends in einer Kneipe trifft, mit seiner Hauswirtin und dem Pfarrer des Dorfs in der Nähe des Zeltlagers hat der Lehrer engeren Umgang. Mit seinen Eltern besteht nur brieflicher Kontakt.

Anfangs bezeichnet sich der Lehrer noch als ungläubig. Als er mit dem Pfarrer diskutiert, erinnert er sich daran, dass er seinen Glauben im Weltkrieg verloren hat, weil er nicht verstehen konnte, dass Gott einen so brutalen Krieg zulässt. Er greift den Pfarrer an, weil der behauptet, die Kirche habe nicht die Macht, die Unterschiede zwischen

Außenseiter und Einzelgänger

Armen und Reichen zu bekämpfen, und der Staat sei »naturnotwendig, also gottgewollt« (49). Allerdings gibt der Pfarrer zu, dass der Staat ungerecht ist.

Während des Prozesses aber ändert sich die Einstellung des Lehrers zu Gott. Zuerst stellt er während der Verhandlung plötzlich fest, dass er an Gott glaubt, dass er ihn aber nicht mag: Er ist nicht gerecht. Etwas

> Neue
> Einstellungen

später, als er in einem Zigarrengeschäft steht, hört der Lehrer eine Stimme, die Stimme Gottes, die ihm befiehlt, die Wahrheit zu sagen: dass er das Kästchen mit dem Tagebuch aufgebrochen hat. Er tut es, ohne darauf zu achten, ob ihn das seine Stelle kosten wird. An seine besorgten Eltern schreibt er danach, dass Gott schon für ihn sorgen wird. Und tatsächlich kann er später eine neue Stelle antreten, in Afrika. Die Stelle hat ihm der Pfarrer verschafft.

Auch seine Passivität hat der Lehrer seit der Verhandlung aufgegeben. War er anfangs noch still und zurückgezogen, macht er sich jetzt auf die Suche nach dem Täter und versucht, ihn zu stellen. Er mischt sich ein, wird aktiv, wird sich auch über seine Gefühle zu Eva klar und vermag seine eigene abweichende Meinung gegen das Regime durchzusetzen.

Julius Caesar. Julius Caesar ist ein ehemaliger Kollege des Lehrers, ein Altphilologe am Mädchenlyzeum, der sich mit einer Minderjährigen eingelassen hatte, vom Dienst suspendiert und zu Haft verurteilt wurde. Jetzt lebt er als

> Ein ehemaliger
> Lehrer

Hausierer und hat vor allem Umgang mit Barmädchen und Prostituierten. Er trägt eine Krawattennadel, in der die Augenhöhlen eines Totenkopfs rot aufleuchten. Er ist etwa

sechzig Jahre alt und klärt den etwas naiven Lehrer über den
Wechsel der Zeiten auf, besonders, was das sexuelle Leben
betrifft. Während ihre Generation von Frauen noch sehr
angezogen wurde, die Sexualität als Herausforderung oder
sogar Leiden empfand, sei für die heutige die Frau nur noch
das »lernende, rudernde, gymnastiktreibende, marschierende Ungeheuer« (29) und sehr reizlos.

Julius Caesar ist, wie der Lehrer, ein Außenseiter. Er
beobachtet die diktatorische Gesellschaft von außen, er
kennt auch andere Menschen, die Verbotenes tun und lesen, er weiß, wo Treffen von Oppositionellen stattfinden.
Julius Caesar ist sehr viel kritischer als der anfangs noch
sehr naive Lehrer, der aus Angst vor dem Verlust seiner
Stelle vieles lieber nicht hinterfragen will. Er ist auch sehr
viel aktiver als der Lehrer und versucht, T durch einen
psychologischen Trick in eine Falle zu locken, sodass er
seine Tat gesteht.

Der Pfarrer. Der Pfarrer ist eine etwas desillusionierte
Gestalt. Er weiß genau, dass die Mächtigen immer re-
gieren werden. Für ihn gibt es kaum Aussicht auf Ver-
besserung. Er weiß auch, dass die Kirche im-

Strafversetzt

mer auf der Seite der Regierenden stehen
wird. Er ist in dieses Dorf strafversetzt worden, der Grund wird nicht bekannt. Wahrscheinlich hat
er eine abweichende Meinung geäußert oder sich im Widerstand betätigt. Noch jetzt kann man sehr offen mit ihm reden und muss nicht befürchten, dass er einen denunziert.

Der Pfarrer betreibt jetzt nur noch Seelsorge und versucht, im Kleinen zu helfen, wie er auch dem Lehrer eine
Stelle im Ausland verschafft. Sein Hauptanliegen ist es,
die Menschen zum Glauben zurückzubringen und dabei

auf bessere Zeiten zu hoffen. Auch dem Lehrer versucht er den Glauben an Gott wiederzugeben.

Der Pfarrer ist scharfsinnig, er kann logisch denken und argumentieren, manchmal wirkt er aber auch etwas zynisch, wenn er die Macht des Staates ohne weiteres anerkennt. Er ist sehr gebildet und liest dem Lehrer eine Passage aus einem Buch des griechischen Philosophen Anaximander von Milet vor, der, obwohl kein Christ, die Grundschuld des Daseins anerkannt hat.

Der Lehrer ist in der Gegenwart des Pfarrers etwas eingeschüchtert, da er seine intellektuelle Größe und auch seine moralische Überlegenheit anerkennen muss. Andererseits ist der Pfarrer aber auch dem Leben zugewandt, lebenslustig und gesellig, er schätzt Gäste, diskutiert gerne, versteht also das Leben zu genießen.

Der Pfarrer stößt die wichtigsten Veränderungen beim Lehrer an, er hilft ihm sogar durch seinen Rat, mit der Mutter des T zu reden.

Die Schüler. Alle Schüler tragen nur Anfangsbuchstaben statt Namen. Sie werden damit als Typen charakterisiert, weniger als eigenständige Persönlichkeiten. Dennoch unterscheiden sie sich stark. Man kann sie gut in Gegner und Helfer des Lehrers einteilen, wobei vor allem die Gegner ein eigenes Gesicht bekommen.

Angepasst und kritiklos

T ist ein stiller, emotional kühler Junge. Er behauptet, er habe »helle Rehaugen« (111), die anderen beschreiben ihn als Fisch mit Fischaugen, zwei hellen runden Augen ohne Schimmer und Glanz. Er spioniert den Menschen nach, beobachtet den Lehrer und seine Umwelt kalt und gefühllos und dünkt sich allen anderen überlegen. Eine

Prostituierte erzählt, dass sie ihn einmal geohrfeigt habe und er sofort zum Spiegel gelaufen sei, um sich darin zu betrachten. Auch im Zeltlager spioniert er hinter den anderen her, er weiß, dass der Lehrer das Kästchen mit dem Tagebuch aufgebrochen hat, und stand in der Nacht, als der Lehrer N und Eva beobachtet, sogar direkt hinter ihm. Auch den Streit zwischen N und Z beobachtet er und erschlägt N, als sich die Gelegenheit ergibt. Dabei sieht er ihm beim Todeskampf zu. Am Schluss bringt sich T selbst um. Auf einem Zettel hinterlässt er ein Geständnis.

N ist an die Ideologie des Regimes angepasst und ordnet sich bedingungslos unter. Eigenes Denken, selbständige Handlungen verachtet er. Deswegen verachtet er auch Z, der ein Tagebuch führt, über sich selbst nachdenkt und sich damit aus der Gruppe innerlich entfernt. Für seinen Vater bespitzelt er sogar den Lehrer und denunziert ihn: N ist für das Regime das perfekte Opfer.

Z ist ein Einzelgänger. Die Gruppe ist ihm egal, er lässt deshalb die Bande das Lager ausrauben, nur ihm selbst sollen sie nichts stehlen. Er führt ein Tagebuch und denkt über sich und das Regime nach. Er ist noch eine unsichere Persönlichkeit, leicht zu beeinflussen und unberechenbar in seinen Handlungen. In Eva verliebt er sich und hat Sex mit ihr. Er versucht, sie zu beschützen, und nimmt zunächst die Tat, während der er bewusstlos war, auf sich, weil er denkt, sie habe es getan. Erst später lässt er sie fallen und verachtet sie. Zu seiner Mutter hat er ein gespanntes Verhältnis. Dem Lehrer gegenüber ist er leicht ablehnend, aber insgesamt eher indifferent.

Zu den Gegnern des Lehrers gehören sonst auch fast alle anderen Schüler, die meistens nur als Masse vorkommen und nicht differenziert geschildert werden. Nur ein

Schüler wird als Regimegegner bekannt. Es ist **B**, ein unauffälliger Schüler und scheinbar angepasst. Heimlich aber ist er Mitglied eines Klubs von vier Jugendlichen, die dem Regime kritisch gegenüberstehen. Sie lesen verbotene Bücher und diskutieren darüber. Die Ehrlichkeit des Lehrers bei der Gerichtsverhandlung, nach der er seine Stelle verliert, beeindruckt sie. Sie versuchen ihm zu helfen, sind aber letztlich hilflos. Auch B bleibt als Figur sehr blass und ohne individuelle Züge.

Eva. Eva ist ein etwa fünfzehnjähriges Mädchen, schlank, groß und hübsch, mit sexuellen Erfahrungen. Sie ist eine Waise, die einige Jungen um sich geschart hat. Gemeinsam berauben sie eine blinde, alte Frau. Während sie mit Z, der Wache stehen soll, schläft, schleicht ihre Gruppe ins Lager und stiehlt dort Sachen. Diese Ablenkung ist ein berechnender Zug von ihr. Als der Lehrer mit der Wahrheit herausrückt, ist sie beeindruckt und sagt ebenfalls die Wahrheit. Aber niemand glaubt ihr, nicht einmal ihr ehemaliger Geliebter Z, der sie vorher noch verteidigt hat. Eva wird wegen Mordes angeklagt.

> Berechnend und sexy

Sie ist eine der wenigen Personen im ganzen Roman, die einen Namen trägt. Nur Julius Caesar wird bei seinem Spitznamen genannt und das Mädchen Annie, das in einer Szene kurz vorkommt, haben einen individuellen Namen.

Die Eltern. Auch die Eltern haben keine Namen in Horváths *Jugend ohne Gott*. Sie sind nur die »Mutter von T« oder »der Vater des N«. Sie sind dem Regime völlig angepasst.

> Wohlhabend und angepasst

Die **Mutter von Z** ist Witwe eines Universitätsprofessors, hysterisch und streitsüchtig. Ihrem Sohn glaubt sie nicht, sie sieht nur seine negativen Seiten und vergleicht ihn mit ihrem Mann.

Die **Mutter von T** ist eine reiche Frau, die keinerlei Interesse an ihrem Sohn hat. Selbst als ihr Sohn sich umbringt, versucht sie ihn zunächst nur wegen des äußeren Scheins zu verteidigen. Gefühle von Trauer zeigt sie nicht.

Der **Vater von N** ist Bäckermeister und macht dem Lehrer Ärger, weil der eine Äußerung getan hat, die sich nicht einmal gegen das Regime richtet, sondern nur mit der offiziellen Meinung nicht konform ist. Er lässt ihn von seinem Sohn bespitzeln.

Der **Vater von W** ist der Einzige, der sich um seinen Sohn menschlich kümmert. Er kommt zum Lehrer und erzählt ihm, dass W sterbenskrank sei, im Fieber sehr stark phantasiere und den Tormann der Fußballmannschaft sehen möchte. Er fragt den Lehrer, ob er nicht wisse, wo man diesen Tormann finden könne.

4. Die Struktur des Werks

Der Roman gliedert sich in 43 Kapitel unterschiedlicher Länge. Sie haben jeweils eine Überschrift, die den Hauptaspekt des Kapitels zusammenfasst, teilweise in poetischer Sprache.

Die Kapitel lassen sich in vier Bereiche inhaltlich zusammenfassen: Kapitel 1 bis 7 erzählen vom Leben im Gymnasium, Kapitel 8 bis 21 vom Ferienlager, Kapitel 22 bis 29 vom Prozess und die abschließenden Kapitel 30 bis 44 von der Aufklärung des Mordes. In jedem dieser Bereiche spielen drei Aspekte eine wichtige Rolle: eine Detektivgeschichte, eine religiöse und eine sozialkritische Geschichte. Alle drei Geschichten werden aus der Perspektive des Lehrers erzählt.

Zwei Höhepunkte bestimmten das Werk: der Mord und die Aufklärung einerseits und die religiöse Umkehr des Lehrers andererseits. Die Höhepunkte der Detektivgeschichte sind das Kapitel »Der letzte Tag«, in dem der

> Detektivgeschichte

Tote gefunden wird, und das vorletzte Kapitel »Die anderen Augen«, in dem nach dem Selbstmord des T sein Geständnis gefunden wird.

Die Detektivgeschichte ist klassisch aufgebaut: Zuerst geschieht der Mord. Dann werden die wichtigsten Personen vorgestellt, der Lehrer als Detektiv, die Schüler und Eva als Verdächtige. Es wird recherchiert und kommt zum Prozess, in dem auf die einzelnen Verdächtigen näher eingegangen wird, ihre möglichen Motive angedeutet oder benannt werden. Auch der Tathergang wird rekonstruiert. Erst nach dem Prozess wird der wahre Täter entlarvt und überführt.

Wie in jedem Detektivroman hat auch der Detektiv in *Jugend ohne Gott* Helfer, den Klub, Julius Caesar und den Pfarrer, die jeweils auf ihre Art versuchen, zur Klärung beizutragen. Die Hauptarbeit aber leistet der Lehrer. Der Fall wird aus seiner Perspektive erzählt, viele Details werden durch seine Beobachtungen und in Gesprächen mit Zeugen und Unbeteiligten, die gleichwohl wichtige Hinweise geben, beigetragen.

Die religiöse Umkehr des Lehrers hat seinen Höhepunkt in den dicht beieinander liegenden Kapiteln

Religiöse Umkehr

»In der Wohnung« und »Das Kästchen«. Im ersten der beiden Kapitel hört er eine Stimme, die ihn dazu bewegt, alles zu gestehen, im zweiten macht er seine Aussage, die dem Prozess eine ganz andere Wendung gibt und seine Karriere als Lehrer beendet. Von jetzt an ist Gott wichtiger als die Lehrerstelle.

Die sozialkritische Geschichte zieht sich durch den ganzen Roman. In kleinen Ausschnitten erzählt der Lehrer

Sozialkritik

vom Leben unter einer diktatorischen Herrschaft, die alle Einzelheiten bestimmt und die vor allem die Jugend einzufangen weiß und ihr den faschistischen Stempel aufzudrücken versucht. Von der Schule, in der die Schüler ihren Lehrer bespitzeln und denunzieren, über die Privatbereiche, in denen die Kinder ohne elterliche Führung orientierungslos werden, bis zum Zeltlager, wo die Jugendlichen ganz offen zu Soldaten herangezogen werden sollen: Überall zeigt der Text kurze, prägnante Beispiele, kritisch beleuchtet, oft ironisch gebrochen, wie der Faschismus die Gesellschaft indoktriniert.

Viele wichtige Motive strukturieren den Text: Gott, die Augen und der Fisch.

Gott ist schon im Titel enthalten, er ist wohl das wichtigste Motiv des Buches, das Gegenmotiv zum Fa-schismus und zur Feigheit des Erzählers. Am Anfang ist Gott noch der bürgerliche Gott,

> Gott

den der Bäckermeister N und die Eltern des Erzählers mei-nen. Beide zitieren Gott, aber für sie scheint er nichts zu be-deuten. Von den Eltern wird nur gesagt, dass sie »jeden Sonntag in die Kirche gehen« (121). Eine ebenso naive Hal-tung zu Gott haben die beiden Alten im Tabakladen, für sie ist Gott einer, der »überall da wohnt, wo man ihn noch nicht vergessen hat« (95). Von diesem Gott hat sich der Erzähler schon mit 19 Jahren während des Krieges abgewandt. Im Grund ist der Erzähler so gottlos wie seine Schüler es sind.

Während der Zeltlagerzeit wird Gott für den Lehrer zum strafenden Gott, »das Schrecklichste auf der Welt« (52), wie der Pfarrer sagt. Von jetzt an ist Gott »furchtbar« (80), »er-bärmlich« (52) und »nicht gerecht« (94). Diesen Gott will der Erzähler nicht akzeptieren, trotzig will er »ihm einen dicken Strich durch die Rechnung machen« (72).

Gott erscheint dem Lehrer, im Lager und als Stimme während der Gerichtsverhandlung. Als die Leiche gefun-den wurde und der Staatsanwalt den Lehrer fragt, ob er kei-nen Verdacht habe, sieht dieser Gott: »Er trat aus dem Zel-te, wo der Z schlief, und hatte das Tagebuch in der Hand« (81). Die Stimme Gottes, die er im Tabakladen hört, bringt den Lehrer schließlich dazu, die Wahrheit zu sagen. Zum Schluss kann er sagen, »heute glaube ich an Gott« (126). Auch die Mutter des T scheint etwas zu hören, bevor sie die Wahrheit sagt: »Gott ist die Wahrheit« (148) heißt schließ-lich die Quintessenz.

Mit dem Gotteskomplex sind einige biblische Motive verbunden, die über den Text verteilt sind. Im Lager spricht der Feldwebel von einer »Sündflut« (79), und »Adam und Eva« (62), wie ein Kapitel heißt, deuten die Vertreibung aus dem Paradies an. Der römische Hauptmann verweist auf ein anderes Motiv, das mit Gott eng verbunden ist: das der Heimkehr. Schon früh ergeht an den Lehrer die Bitte: »Geh heim!« (45). Im Tabakladen sagt er zu sich selber, als er an seine Kindheit denkt: »Nein, hier wohnst du nicht. Hier gehst du nur vorbei« (96). Das Bild vom römischen Hauptmann, welches er im Pfarrhaus sieht, verbindet er mit der Kindheit, mit dem Elternhaus und der Heimat, aus der er ausgezogen ist, um Lehrer zu werden. Erst am Schluss kommt es zu einer Art Heimkehr: »Der Neger fährt zu den Negern« (149) heißt es da ironisch gebrochen, der Lehrer fährt zu seinesgleichen, nämlich den Außenseitern der Gesellschaft.

Eng verbunden mit dem Motiv Gottes ist auch das Motiv der Stimmen und der Visionen, so wie sie in jeder Heiligengeschichte zu finden sind, wo Gott mit den Heiligen spricht. Dem Lehrer gibt Gott sogar direkte Befehle. Im Tabakladen hört er ihn sprechen: »Sage es […], daß du das Kästchen erbrochen hast. Tu mir den Gefallen und kränke mich nicht wieder« (96).

Ein anderes Mal erscheint ihm der tote Junge als Mahnung, die Wahrheit zu erforschen: »Ich komme durch ihn nicht durch. Ich mag ihn nicht mehr hören« (140). Mit ihm hat er eine längere Unterhaltung, der Junge stößt ihn darauf, dass er schon lange nicht mehr an das Mädchen denkt und auch keine genaue Erinnerung mehr an sie hat. So macht er den Lehrer auf seine egoistische Haltung aufmerksam und auf seine Mitschuld am Mord.

Ein wichtiges Motiv, das das ganze Buch durchzieht, sind die Augen. Schon in der Schulkasse und vor allem bei der Beerdigungsszene fühlt sich der Lehrer beobachtet: »Zwei helle runde Augen schauen mich an. Ohne Schimmer, ohne Glanz« (34). Mit genau denselben Worten beschreibt er auch im Lager, »daß mich wer anstarrt« (72): »Zwei helle runde Augen schauen mich an. Ohne Schimmer, ohne Glanz« (72). Beide Male denkt der Lehrer, dass der andere, der Schüler T, etwas von ihm weiß, seine geheimen Gedanken kennt oder weiß, dass er das Kästchen aufgebrochen und das Tagebuch gelesen hat. Als Fischaugen (72) bezeichnet der Lehrer diese Augen. Und Julius Caesar ergänzt: »Da wird die Seele unbeweglich wie das Antlitz eines Fisches« (106).

Die Augen

Auch außerhalb der Schule spielen die Augen eine leitmotivische Rolle. Die Arbeiterkinder sehen ihn an »seltsam starr« (46): Das »ist kein Hohn, das ist Haß« (46). Die Kinder blicken voller Abwehr auf den Lehrer und den Pfarrer, und die alte Frau, die beraubt wird, ist blind und damit hilflos. So wie auch Gott zunächst blind und hilflos erscheint, später aber, wie Eva, andere Augen bekommt. Zunächst hat sie, nach der Meinung von N, »kleine, verschmitzte, unruhige« Augen, »richtige Diebsaugen« (142). Dem Lehrer gelingt es erst spät, ihre Augen wirklich zu sehen, und er muss zugeben: »Ja, sie hat Diebsaugen« (148).

5. Wort- und Sacherläuterungen

16,23 Die reichen Plebejer: Plebejer bildeten die Mehrheit der römischen Bürger, sie setzten sich zusammen aus bäuerlichem Mittelstand, Handwerkern und Händlern. Sie erzwangen sich die Beteiligung an der Macht vom 5. bis 3. Jh. v. u. Z., 287 v. u. Z. wurden sie dem Adel gleichgestellt, die führenden Plebejerfamilien geadelt.

19,20 f. Bei Philippi sehen wir uns wieder!: Anspielung auf Plutarchs Caesar-Biografie und Shakespeares Stück *Julius Caesar*. Sinngemäß: Die entscheidende Auseinandersetzung wird noch folgen.

20,8 siehe welch ein Mensch!: Anspielung auf die Bibel, Joh. 19,5. Sinngemäß: Hier steht ein erbarmungswürdiger Mensch.

20,33 f. 287 vor Christi Geburt: 287 wurden die Plebejer politisch gleichgestellt.

21,13 f. Optimates: der Senatorenstand, die politische Führungsschicht.

24,24 f. Manlius Capitolinus: römischer Konsul, der sich dafür einsetzte, den Plebejern alle Schulden zu erlassen und von den Patriziern 384 v. u. Z. zum Tode verurteilt wurde.

24,27 Tarpejischen Felsen: Hinrichtungsstätte am Kapitol.

25,7 f. wasche ich meine Hände: Psalm 73,13: »und wusch meine Hände in Unschuld« und Mt. 27,24, wo sich Pilatus die Hände wäscht und sagt: »Ich bin unschuldig am Blute dieses Gerechten.«

25,17 Wochenschau: Die Wochenschau im Kino zeigte

Nachrichten und Meldungen, die politisch eindeutig nationalsozialistisch gefärbt waren.

27,11 f. Miniaturtotenkopf: Der Totenkopf war ein Ehrenabzeichen für bewährte SS-Männer.

27,26 f. Adam Riese: deutscher Mathematiker, eigtl. Adam Ries (1492–1559).

28,24 Erotomane: jemand, der süchtig nach Sex ist.

29,27 »Über die Würde menschlichen Lebens«: Buch von Giovanni Pico della Mirandola (1463–94), italienischer Philosoph, der darin die Willensfreiheit des Menschen als Zeichen seiner Würde darstellte.

34,22 Der totale Krieg: Titel eines Buches von 1935 des Generals von Erich von Ludendorff (1865–1943). Am 18. Februar 1943 fragte Propagandaminister Joseph Goebbels eine begeistert zustimmende Menge von Deutschen, ob sie den »totalen Krieg« wollten.

38,25 marschierende Venus: ironische Anspielung auf die Göttin der Liebe, die normalerweise eher tändelnd dargestellt wird.

40,15 Amazonen: in der griechischen Mythologie ein asiatisches Volk von kriegerischen Frauen.

45,9 Landsturm: Der Landsturm war das Aufgebot aller waffenfähiger Männer, die für die Wehrmacht zu alt waren.

46,32 da habe ich Gott verlassen: Umkehrung des Psalmwortes (22,2) »Mein Gott, mein Gott, warum hast du mich verlassen […]?«

48,17 Ignatius: Ignatius von Loyola (1491–1556), spanischer Mystiker und Gründer des Jesuitenordens.

49,30 Pascal: Blaise Pascal (1623–62), französischer Philosoph, Mathematiker und Physiker, der nach einem mystischen Erlebnis ins Kloster ging, wo er seine fragmentarischen *Gedanken* schrieb, die das Christentum verteidigen sollten.

49,30–32 »Wir begehren die Wahrheit …«: Anfang eines Fragments aus den *Gedanken* von Blaise Pascal.

51,9 f. eher ein Kamel …: Anspielung auf Mt. 19,24: »Es ist leichter, dass ein Kamel durch ein Nadelöhr geht als ein Reicher ins Reich Gottes.«

53,3 Thales von Milet: griechischer Philosoph und Mathematiker (ca. 620 – 546 v. u. Z.).

53,7 Anaximander: griechischer Philosoph (ca. 610 – 546 v. u. Z.).

57,26 Offenbarung: Anspielung auf die biblische Offenbarung des Johannes.

63,15 Kanarikrankheit: gemeint ist die Papageienkrankheit.

74,28 Im Schweiße eueres Angesichts: Anspielung auf Gen. 3,19.

79,9–11 »Ich will hinfort …«: Anspielung auf Gen. 8,21.

84,33 f. Iustitia fundamentum regnorum: (lat.) Die Gerechtigkeit ist die Grundlage der Herrschaft.

85,7 spiritistischer Zirkel: Nach der Lehre des Spiritismus, der bis Mitte der 1930er-Jahre Mode war, konnte man in Kontakt mit Geistern und Verstorbenen treten.

85,16 Vivisektion: Eingriff am lebenden Tier zu wissenschaftlichen Zwecken.

90,18 das fünfte Gebot: Du sollst Vater und Mutter ehren, 2. Mos. 20,12.

98,13 Fetzen: (österr.) Schimpfwort für Frauen.

102,4 Vertrieben aus dem Paradies: Anspielung auf Gen. 3,16 ff.

112,5 Geburtstag des Oberplebejers: Anspielung auf Adolf Hitler, dessen Geburtstag mit Beflaggung, Umzügen und Feiern begangen wurde.

112,12 f. **Im gleichen Schritt und Tritt:** Anspielung auf Ludwig Uhlands Gedicht *Der gute Kamerad*.

122,26 **Ave Caesar, morituri te salutant!:** Sei gegrüßt, Caesar, die Todgeweihten grüßen dich! Laut dem römischen Schriftsteller Sueton grüßten die Gladiatoren so die zuschauenden Cäsaren.

127,3 **Pedell:** österr. für: Hausmeister.

129,10 **Jupiter und Jo:** Jo, Priesterin der Hera, wird von Jupiter (Zeus) in eine weiße Kuh verwandelt.
Amor und Psyche: Erzählung des römischen Schriftstellers Lucius Apuleius (124–180).

129,11 **Marie Antoinette:** Königin von Frankreich (1755–1793, hingerichtet).

130,12 **Wird der Wein nicht zu Wasser?:** Umkehrung der Geschichte von der Hochzeit zu Kana, auf der Jesus Wasser *in* Wein verwandelt hat, Joh. 2,1 ff.

138,29 f. **der Mensch denkt, Gott lenkt:** Zitat nach den Sprüchen Salomos 16,9.

148,19 **Über den Wassern:** Anspielung auf Gen. 1,2.

6. Interpretation

Zwei große Themen werden in *Jugend ohne Gott* behandelt: Zum einen stellt Horváth in vielen Einzelheiten die faschistische Gesellschaft dar, indem er von Jugend, Familie, Schule und dem Frauenbild erzählt. Natürlich ist das nur ein kleiner Ausschnitt der Wirklichkeit, aber Horváth zeigt daran sehr genau die gesamte Gesellschaft. Er charakterisiert auch die Kirche, die eine ambivalente Haltung zum Regime einnimmt, sich einerseits anpasst und Geschäfte mit den Faschisten macht, andererseits im Widerstand tätig ist.

Das zweite große Thema des Romans ist die persönliche Schuld, die ein Individuum in einer Gesellschaft auch unschuldig auf sich laden kann, indem es passiv bleibt und sich treiben lässt.

Die faschistische Gesellschaft

Die herrschende Ideologie des Faschismus, die Horváth in seinem Roman charakterisiert und kritisiert, zeigt sich vor allem in der Erziehung der Jugend: Sie wird systematisch zum Krieg herangebildet, wie sich in den Programmen im Zeltlager zeigt; Gehorsam und Opferbereitschaft werden zu wichtigen Zielen.

Dazu kommt, dass nur noch die Gruppe zählt, nicht mehr der Einzelne. »Rassisch« andere Menschen werden ausgegrenzt: Die Aussage des Lehrers, dass »Neger« auch Menschen sind, wird zum Auslöser des Konflikts.

Die meisten Menschen sind inzwischen so weit indoktriniert, dass sie sich willig allem fügen und unterordnen, was das Regime befiehlt oder als richtige und passende Meinung veröffentlicht.

Alles Denken verhasst

Besonders deutlich wird diese Ideologie in Zeitungs- und Radiozitaten, die referiert werden, und Äußerungen von Schülern, des Bäckermeisters N und seines Sohnes, des Feldwebels im Zeltlager und der Lehrerin der Mädchenklasse. An manchen Stellen ist die Kritik des Erzählers direkt, er bezeichnet die Personen als dumm, die die Meinungen des Regimes unreflektiert wiederholen wie der Bäckermeister N: »Gott, muss der dumm sein, dachte ich« (18). Deutlich ist auch seine Kritik am Faschismus, wenn man die Wörter betrachtet, mit denen er ihn bezeichnet: »Lauter Dreck! Alles Dreck!« (58). Als die Stadt den Geburtstag des Oberplebejers feiert, schreibt er: »Divisionen der Charakterlosen unter dem Kommando von Idioten« (112). Und: »So preisen die Schwachsinnigen und Lügner den Tag, an dem der Oberplebejer geboren ward« (112). An anderer Stelle bezeichnet er sie als »Bande« (23) oder »Verbrecher« (24). Der Faschismus ist dem Erzähler »eine Pest. Wir sind alle verseucht, Freund und Feind. Unsere Seelen sind voller schwarzer Beulen« (24 f.).

Die Brutalität der Gesellschaft zeigt sich an vielen Stellen, im Umgang der Schüler untereinander, die zu fünft einen Einzelnen verprügeln, an der Bespitzelung, an der Gefühlskälte, die

Brutale Welt

bis zum Mord aus Neugier gehen kann, am Überfall der Bande auf die alte Frau.

Häufig werden regimekonforme Äußerungen vom Erzähler ironisch hinterfragt oder auch nur belächelt, oft sogar mit anderen Personen zusammen, die sich mit dem Regime arrangiert haben, aber immer noch innerlich eine gewisse Opposition bewahrt haben, wie dem Direktor: »Ich sah den Direktor an, er lächelte und erriet meine Gedanken« (20). Sehr häufig macht der Erzähler die Anhänger des Faschismus durch verniedlichende Formulierungen lächerlich, wenn er von »liebliche[m] Gesang« (13) oder »Kindlein« (14) redet.

Besonders schlimm findet es der Erzähler, dass nicht nur einzelne Spitzen, sondern die ganze Gesellschaft mitmacht und dass alle »Charakterlosen« (112) an der Unterdrückung sogar Freude haben. Besonders die beeinflussbare Jugend ist gehorsam und organisiert sich nur noch in heimlichen Zirkeln.

Drei Gruppen lassen sich charakterisieren:

Drei Gruppen Die erste hat die herrschende Ideologie kritiklos übernommen. Ihr gehören der Bäckermeister N und sein Sohn an und der größte Teil der Schulklasse. Diese Gruppe lehnt Eigenbestimmung, eigenes Denken und Eigenverantwortung ab. Sie wollen in der Gemeinschaft verschwinden, nur noch ein kleiner Teil sein: »Sie pfeifen auf den Menschen! Sie wollen Maschinen sein, Schrauben, Räder, Kolben, Riemen« (24). Die zweite Gruppe hat sich im System eingerichtet, ohne doch so richtig an die Ideologie zu glauben. Dazu gehören der Direktor, viele Eltern, viele Schüler und auch der Lehrer, zumindest am Anfang des Romans. Sie alle profitieren direkt oder indirekt vom System, wie der Direktor: Er will »die Altersgrenze erreichen, um die volle Pension beziehen zu können« (20). Oder der Lehrer, der seine Stellung behalten will und deswegen seine Meinung nicht sagt, sogar an ihr zweifelt.

Die dritte Gruppe lehnt die herrschende Ideologie ab, wie Julius Caesar, der Pfarrer, am Schluss der Lehrer und einige Schüler. Offenen Widerstand aber praktizieren diese Menschen auch nicht, wohl vor allem aus Angst. Und auch der Lehrer geht nicht in den Widerstand. Wie der römische Hauptmann sieht er dem Untergang der Welt tatenlos zu: »Er hat also Gott erkannt. Und was tat er? Was zog er für Konsequenzen? Er blieb ruhig unter dem Kreuz stehen« (56). Am Schluss des Romans emigriert der Lehrer, der Außenseiter, zu den Außenseitern: »Der Neger fährt zu den Negern« (149).

Horváth benennt auch die sozialen Schichtungen. Am oberen Ende stehen die reichen Eltern seiner Schüler, allen voran die Mutter des T, bei der sogar eine berühmte Schauspielerin verkehrt, die Freundin des Oberplebejers, der wohlhabende Bäckermeister N oder Zs Vater, der Professor ist; am unteren Ende die Armen, vor allem die armen Kinder. – Mehrfach werden sie im Roman erwähnt, häufig wird die soziale Ungerechtigkeit und die soziale Not der Heimarbeiter genau benannt. Gleich bei der Ankunft der Klasse im Lager zeigt der Pfarrer dem Lehrer die »Kinder, die in den Fenstern sitzen« (48) und Puppen anmalen. Hasserfüllt fühlt sich der Lehrer angestarrt: »Und hinter dem Haß sitzt die Trauer in den finsteren Zimmern« (46). Der Dorfschullehrer, so erfährt er vom Pfarrer, ist für eine Umverteilung des Besitzes, für soziale Gerechtigkeit. Das Elend der Kinder beruht vor allem darauf, dass das Sägewerk pleite ist und dass es keine anderen Stellen für die Eltern gibt. So müssen selbst die Kinder schon arbeiten, um für die Familie Geld zu be-

Soziale Schichtung

schaffen, statt ihre Kindheit genießen zu können. Aus diesem Grund gibt es auch immer wieder Banden, die lieber stehlen und rauben, die sich lieber der Gefahr aussetzen, ins Gefängnis zu kommen, als diese entwürdigenden Arbeiten zu machen. Auch bei seinem späteren Besuch des Lehrers erwähnt der Pfarrer die Kinder wieder: »Ach, die Kinder in den Fenstern! Die hatte ich ganz vergessen!« (125).

Die Quintessenz aus diesen Beobachtungen ist der Satz: »Die Reichen werden immer siegen, weil sie die Brutaleren, Niederträchtigeren, Gewissenloseren sind« (51). Für den Pfarrer beruht die ganze Gesellschaft auf »Eigenliebe, Heuchelei und roher Gewalt« (49), und da der Staat gottgewollt ist, kann auch die Kirche nichts dagegen tun, sondern sich nur um das Seelenheil kümmern. Dabei hält der Pfarrer die Ordnung des Staates für ungerecht, aber nicht aus sozialen Gründen, sondern nur, weil es in dieser Gesellschaft keinen Platz für einen Glauben an Gott mehr gibt.

Durch die Bezeichnung »Plebejer« und »Oberplebejer« wird die Diktatur etwas distanziert, aber treffend charakterisiert: »Wir leben in einer plebejischen Welt« (20), sagt der Direktor. Er meint damit den Aufstieg einer sozialen Schicht an die Macht. Eigentlich bezieht er sich auf die römische Geschichte, in der es den wohlhabenden Plebejern, dem bäuerlichen Mittelstand, Handwerkern und Händlern, gelang, immer mehr Macht zu sammeln, bis sie 287 v. u. Z. politisch gleichgestellt wurden. Allerdings wurden die führenden Plebejerfamilien geadelt, sodass sie der Plebejerschicht eigentlich nicht mehr angehörten.

Die neuen, faschistischen Plebejer bilden die Führungsschicht des Staates, sie kontrollieren und manipulieren die Bürger. Vor allem das Radio, das immer wieder zitiert wird, und die Zeitungen, die vor allem während des Prozesses öfter erwähnt und länger angeführt werden, sind meinungsbildend. Was man im Radio hört, ist die offizielle Meinung, die man zu übernehmen hat. Selbst der Lehrer überlegt anfangs: »Aufgepaßt, habe ich denn diesen Satz über die Neger in letzter Zeit nicht schon mal gehört? Wo denn nur? Richtig: er tönte aus dem Lautsprecher im Restaurant und verdarb mir fast den Appetit. Ich lasse den Satz also stehen, denn was einer im Radio redet, darf kein Lehrer im Schulheft streichen« (14). Und er fährt fort, die Manipulationskraft der Massenmedien charakterisierend: »Und während ich weiterlese, höre ich immer das Radio – [...] die Zeitungen drucken es nach und die Kindlein, sie schreiben es ab« (15).

> Druck auf die Bürger

Der Staat übt also direkten und durch die veröffentlichte Meinung auch indirekten Druck auf die Lehrer aus. Der Direktor beispielsweise gibt dem nach, weil er seine Rente nicht verlieren will, der Pfarrer wurde bereits strafversetzt, und auch der Lehrer will seine Stellung nicht riskieren. Erst im Lauf des Romans setzt er sich gegen das Regime durch, das ihn zur Lüge und zum Selbstbetrug ermutigt, und sagt die Wahrheit. Zunächst aber lässt er sich von seinen Schülern bespitzeln und von ihnen und dem Bäckermeister N unter Druck setzen. Auch der Klub, eine Art von Widerstandszelle, bildet sich spät und trifft sich nur heimlich.

Die Ideologie des faschistischen Staats bezieht sich auf alle Bereiche des Lebens, sie ist auch rassistisch. Dass ein Satz wie »Auch die Neger sind doch Menschen« (17), den der Lehrer zu seinem Schüler N sagt und den er selbst am

Schluss des Romans vom Pfarrer hört (126), ausgesprochen wird, ist nur ein Beispiel für die menschenverachtende Ideologie, die andere Rassen oder was sie dafür hält, für minderwertig erklärt. In den Nürnberger Gesetzen vom 15. September 1935, vor allem dem »Gesetz zum Schutz des deutschen Blutes und der deutschen Ehre« wurden jüdische Deutsche politisch entrechtet, das Judentum als »fremde Rasse« definiert. Im Roman ist »Neger« die Metapher für alle Außenseiter, die nicht geduldet werden.

Die Jugend

Schon im Titel des Romans kommt die Jugend vor: *Jugend ohne Gott*. Horváth erzählt von einer Jugend, die in einer Diktatur erzogen wird, die nichts anderes kennt als die vorgefertigte Meinung, die sie kaum mit anderen Meinungen vergleichen kann. Andere Meinungen sind verboten, wer sich ein eigenes Urteil bilden will, ist verdächtig, wird bespitzelt, ausgesondert, strafversetzt, und hat am Schluss nur noch die Möglichkeit, auszuwandern wie der Lehrer.

Der Begriff »Jugend« wird meist undifferenziert gebraucht. »Die Jugend« (20, 95 u. ö.) bleibt ein Sammelbegriff für alle Jugendlichen, die unter dem Druck des Regimes stehen, auch wenn es im Lauf des Romans Differenzierungen gibt. Nach und nach treten einzelne Individuen aus der Masse heraus, die außerdem sozial unterschiedlicher Herkunft sind. Die Schüler unter den Jugendlichen kommen allesamt nicht aus der Arbeiterschicht (17), ihre Eltern sind reich, wohlhabend oder zumindest wohlsituiert. Auch

Reich und Arm

der Klub von oppositionellen Jugendlichen kommt aus dieser Schicht.

Demgegenüber stehen die armen Kinder aus dem Dorf, die sich teilweise in Jugendbanden organisieren. Eine dieser Gruppen wird von Eva angeführt, die aus einem Erziehungsheim entlaufen ist.

Die systemkonforme Jugend wird systematisch zum Krieg herangezogen, ihnen wird der Glaube an Gott entzogen, es kommt ihnen die Moral abhanden und das eigenständige Denken. Der Staat hat die gesamte Erziehung über die Kinder und Jugendlichen übernommen. Er hat neue Lehrpläne beschlossen, steckt die Kinder in Zeltlager, wo sie eine paramilitärische Ausbildung erhalten und auf den nächsten Krieg vorbereitet werden, und gibt geheime Rundschreiben heraus: »Wir müssen von der Jugend alles fernhalten, was nur in irgendeiner Weise ihre zukünftigen militärischen Fähigkeiten beeinträchtigen könnte – das heißt: wir müssen sie moralisch zum Krieg erziehen!« (19 f.).

Schüler, die ein Tagebuch führen, werden misstrauisch beäugt: Z sagt, er raufte mit N, weil der ein Plebejer ist: »Er kann es nämlich nicht vertragen, daß man über sich nachdenkt. Da wird er wild« (61). Kritische Gedanken kann man nur noch heimlich äußern, wie die beiden Mädchen, die sich in einem Gebüsch versteckt haben, oder der Klub, Julius Caesar oder der Pfarrer: Sie alle befinden sich in geschützten Räumen. Nur der Lehrer sagt im Lauf des Prozesses öffentlich die Wahrheit, aber nicht über das Regime, sondern über seine individuelle Schuld. Er zieht es vor auszuwandern.

Keine Kritik

Die Jugend dagegen kann sich an nichts mehr orientieren. Dass ihnen die alte Moral längst abhanden gekommen ist, zeigt u. a. das völlige Unverständnis der Jungen, die einen Schwächeren verprügeln, und sogar das Unverständnis des Verprügelten selbst. Auch dem Lehrer gelingt es nicht, seinen Schülern etwas Moral beizubringen.

Familie

Intakte Familien gibt es in diesem Roman gar keine. Die Familien, die gezeigt werden, zeichnen sich durch Gefühlskälte oder gegenseitiges Unverständnis aus. Z und seine Mutter greifen sich während der Gerichtsverhandlung sehr heftig an und machen sich gegenseitig Vorwürfe. Die Mutter verachtet ihren verstorbenen Mann und bringt das auch deutlich zum Ausdruck, sie wirft ihm vor, gestohlen zu haben. Z beschimpft seine Mutter und behauptet, sie würde lügen. Lautstark streiten sie sich, der Junge erzählt, dass die Mutter ein Dienstmädchen gequält hat, bis es weggelaufen ist, und dass sie auch seinen Vater vertrieben habe. Er ruft schließlich: »Das Mädel ist mehr wert wie du!« (98). Die Anklage des Jungen gipfelt in dem Satz: »Nein, Mutter, ich mag dich nicht mehr!« (99).

Auch in der Familie von T gibt es keinen Zusammenhalt. Der Vater ist nie da, weil er immer auf Geschäftsreise ist, die Mutter ist an ihrem Jungen nicht interessiert. Ein Diener sagt sogar: »Auch der junge Herr muß sich meist anmelden lassen« (128). Auch hier ist der Junge vereinsamt, er wird allein gelassen, für ihn wird nur materiell gesorgt. Auch in der Familie des N, die nach außen hin intakt erscheint, hat man sich nicht viel zu sagen. Der Vater unterstützt zwar seinen Sohn, aber er benutzt ihn auch als Spitzel. Selbst die Familie

Keine intakte Familie

des Lehrers ist nicht intakt. Zu seinen Eltern hat er kaum Kontakt, er tut sich sehr schwer, ihnen einen Brief zu schreiben. Aus seiner Kindheit weiß er noch: »Die Mutter keift, der Vater schimpft, sie streiten sich immer« (96). In vielen Eltern-Kind-Beziehungen des Romans herrscht Hilflosigkeit. Man reagiert nur mit Stereotypen, mit hilflosen Ratschlägen.

Ödön von Horváth macht damit deutlich, dass die Familie als Erziehungsinstanz versagt hat. Der Bruch zwischen der Jugend und der älteren Generation ist zu groß geworden, man hat sich nichts mehr zu sagen. Die Autorität der Eltern ist zusammengebrochen, oft ist sie an den Staat delegiert worden, der die Jugend benutzt. Teils ist sie auch, wie im Fall von T, gar nicht mehr vorhanden: Ein kalter, menschenverachtender Zynismus hat sich an seine Stelle gesetzt. Wärme, Zuneigung, Liebe gibt es nicht.

Schule

Die Schule hat in Horváths Roman ebenfalls versagt. Auch sie hat keine Autorität mehr, die auf ihrer Vorbildfunktion beruht. So ist der Lehrer hilflos gegenüber den Schülern, die

Hilflos

nachplappern, was sie im Radio hören. So ist auch der Direktor letztlich hilflos: Er kann die aufsässige Klasse nur noch zusammenbrüllen, aber die Ungeheuerlichkeit ihrer Spitzelei kann er ihnen auch nicht klar machen. Auch er hat sich dem diktatorischen System angepasst, kann auch nur noch Befehle geben, seine durch sein Amt verliehene Autorität ausüben. Ein eigenes Denken kann so nicht gelehrt werden.

Der Direktor hat sich angepasst, um seine Pension nicht zu gefährden, Julius Caesar ist wegen Verführung Minderjähriger entlassen worden, und der Lehrer schwankt noch zwischen Anpassung, Widerstand, Resignation und Flucht. Am Ende bleibt ihm nur die Flucht.

Die Frauen

Horváth zeigt in *Jugend ohne Gott* ein doppelgesichtiges Frauenbild: Einerseits Verführerin des Mannes wie Eva, andererseits aber ohne jegliche tatsächliche Macht und materiell vom Mann abhängig, zwar Mutter und Erzieherin der Kinder, was ihr einen gewissen Einfluss verleiht, aber dadurch auf den häuslichen Bereich beschränkt.

Deutlich spricht Annie diese Abhängigkeit von der Männerwelt aus, eine Schülerin der Mädchenklasse, die sich im Gebüsch mit ihrer Freundin

Abhängig von der Männerwelt

unterhält und vom Lehrer belauscht wird: »Was sollen wir armen Mädchen tun? Mama sagt immer, die Männer sind verrückt geworden und machen die Gesetze« (44).

Kurz zuvor hat der Lehrer schon alle Frauen und Mädchen insgesamt abgeurteilt: Sie sind »wie Kühe auf der Weide« (40). Das Einzige, was ihnen übrig bleibt ist: »Marschiert nur zu, Mütter der Zukunft!« (41).

Die Mütter in *Jugend ohne Gott* werden fast durchweg negativ dargestellt: Die Mutter von Z »kreischt und wird immer hysterischer« (98), ihrem Sohn glaubt sie nicht. Die Mutter von T hat überhaupt kein Interesse an ihrem Sohn, nicht einmal bei seinem Tod zeigt sie Trauer, sie ist nur um ihren guten Ruf bedacht.

Selbst Eva, deren Name auf ihre Rolle als Verführerin hinweist, ist eher ein Opfer der Männerwelt als eine selbständige Frau. Schon als Dienstmädchen hat sie sexuelle Begierden geweckt (wie der Vater von Z wegen eines Dienstmädchens seine Frau verlassen hat), und im Lehrer weckt sie ebenfalls Verlangen. Aber auch sie ist letztlich von den Männern abhängig, ihre Rolle im Buch ist eher eine passive. Sie stößt die Entwicklung des Lehrers, seine wachsende Kritikfähigkeit, seinen wachsenden Glauben zwar an, aber sie hat darin kaum einen aktiven Part.

Auch die Prostituierten, die dem Lehrer helfen wollen, spielen keine große Rolle in diesem Männerbuch, sie geben zwar Hinweise auf den Täter, aber sie reagieren nur und führen den Plan von Julius Caesar aus, der letztendlich misslingt. Wie sie versteht es Eva, ihre Reize zielbewusst einzusetzen. Die Prostituierten verdienen damit Geld, Eva umgarnt Z, der Wache hält, und schläft mit ihm, während ihre Bande das Lager beraubt. Später wird sie aber von dem Jungen fallen gelassen.

Der Erzähler bewertet die Frauen, die er trifft, nur von außen. Weder hat er eine richtige Beziehung zu einer von ihnen, noch macht er sich die Mühe, eine kennen zu lernen. Er | *Nur von außen* |
sagt nur, er könne sich »für keine rucksacktragende Venus« (40) begeistern, auch nicht für die Amazonen mit dicken Beinen (44), die hässlich und wenig begehrenswert sind. An einer Stelle aber merkt der Erzähler, dass er sie falsch einschätzt, dass er von ihnen lernen könnte, er schämt sich sogar: »Ja, vielleicht hat Annies Mama recht. Die Männer sind verrückt geworden, und die nicht verrückt geworden

sind, denen fehlt der Mut, die tobenden Irrsinnigen in die Zwangsjacken zu stecken. Ja, sie hat recht. Auch ich bin feig« (44). Allerdings bekommt der Lehrer diesen Mut erst sehr spät.

Die Kirche

Der Pfarrer vertritt in dem Roman nicht den Staat, sondern die Kirche, man kann offen mit ihm reden. Der Staat, dem er kritisch gegenübersteht, ist für ihn weniger wichtig. Offensichtlich ist er auch schon mit ihm zusammengestoßen, da er für eine Weile strafversetzt wurde. Er sieht den Staat als gottgegeben, auch wenn er die jetzige staatliche Ordnung für ungerecht hält. Nur leise sagt er, dass es gut sei, »daß es der Kirche heutzutag in vielen Ländern nicht gut geht. Gut für die Kirche« (51).

Wichtig ist für ihn aber vor allem die Seelsorge, der Kampf an der »himmlischen Front« (51). Für ihn sind die Kinder verhetzt, weil sie nicht mehr an Gott glauben. Er führt den Lehrer wieder zum Glauben zurück, auch wenn dieser die Überzeugung des Pfarrers, Gott sei »das Schrecklichste auf der Welt« (52) nicht akzeptieren kann.

Wichtig ist die Seelsorge

Der Pfarrer als Repräsentant der Kirche spielt eine sehr vielschichtige Rolle, wie sie die Kirche im Faschismus auch gespielt hat. Einerseits war vor allem die katholische Kirche am Machterhalt interessiert, schloss mit Hitler ein Abkommen und erkannte das Regime damit sehr schnell an, auf der anderen Seite versuchte sie den Menschen zu helfen und unterstützte auch den Widerstand.

So ist der Pfarrer einerseits Teil des Regimes, andererseits unterstützt er den Lehrer in seiner Aufklärungsarbeit, bringt ihn darauf, mit der Mutter des Verdächtigen zu reden und hilft ihm am Schluss, eine neue Stelle zu bekommen und auswandern zu können.

Die Schuld

Eines der Hauptthemen des Romans ist die Frage der Schuld. Alle machen sich schuldig, vor allem der Lehrer. Aber auch der Direktor, indem er sich gegen das Regime nicht wehrt, weil er seine Pension nicht gefährden will; die Eltern, weil sie ihre Kinder entweder allein lassen oder im Sinne des Regimes zu Spitzeln und Soldaten erziehen; die Kinder, weil sie sich zu willigen Vollstreckern und Helfern der Diktatur erziehen und als Spitzel missbrauchen lassen, weil sie gewalttätig sind ohne Rücksicht auf andere; auch der Pfarrer, weil er sich auf die Seelsorge beschränkt, statt sich im Widerstand zu organisieren.

Der Lehrer steht im Vordergrund. Er macht sich vor allem durch seine Passivität schuldig, mit der er die Indoktrination durch das Regime hinnimmt. Als er das Gespräch der Mädchen im Gebüsch belauscht, gibt er seine Schuld und seine Feigheit zu: »Ja, sie hat recht. Auch ich bin feig« (44).

Aber auch durch sein Handeln macht sich der Lehrer schuldig, indem er das Kästchen aufbricht, das Tagebuch liest und dadurch die Handlungskette bis zum Mord in Gang setzt. Er macht sich schuldig, indem er dies lange

Juristisch und moralisch schuldig

nicht zugibt, und fast in Kauf nimmt, dass ein Unschuldiger verurteilt wird.

Man kann diese Schuld auf drei Ebenen sehen: Juristisch schuldig wird der Lehrer, weil er fremdes Eigentum beschädigt hat, weil er eine falsche Aussage macht und weil er damit die Untersuchungen beim Mordfall behindert. Die Konsequenz daraus kennt er: »Da werde ich doch bestraft […], verliere auch meine Stellung, mein Brot« (96). Moralisch macht er sich schuldig, weil er passiv bleibt, weil er zögert, weil er Angst hat. Mehrfach will er sich einen Ruck geben und seine Tat gestehen, gleich nach der Tat (70), nach dem Streit zwischen N und Z (71), als er die Wachen überprüft und dabei Eva und Z beobachtet (73) und als man merkt, dass N nicht mehr da ist. Einmal verschläft er sogar. Sehr genau sieht der Lehrer diese Schuld selbst: »Richtig, auch ich bin schuld. Auch ich bin der Stein, über den er stolperte, die Grube, in die er fiel, der Felsen, von dem er hinunterstürzte […]. Die Pfade der Schuld berühren sich, kreuzen, verwickeln sich. Ein Labyrinth. Ein Irrgarten – mit Zerrspiegeln« (78).

Viele Möglichkeiten sieht der Lehrer zunächst nicht, sich dieser Schuld zu entziehen. Er überlegt vor allem, ob er sich nicht völlig zurückziehen sollte: »Was suchst du noch auf der Welt?« (47).

Erst mit seiner offenen Aussage vor Gericht, nachdem er die Mahnung Gottes im Tabakladen gehört hat, befreit er sich von der moralischen Schuld und akzeptiert auch die juristischen Konsequenzen.

Religiöse Schuld

Die religiöse Schuld des Lehrers liegt vor allem darin, dass er sich von Gott abgewandt hat. Der Alte im Tabakladen spricht es aus: »[…] denn in diesem Fall scheinen alle Beteiligten schuld zu sein. Auch die Zeugen, der Feldwebel, der Lehrer – und auch die Eltern. [...] Denn nicht nur die Jugend, auch die Eltern kümmern sich nicht mehr um Gott. Sie tun, als wär er gar nicht da« (95).

> Der Lehrer hat bisher so getan, als wäre er Gott, als hätte er das Schicksal der Menschen in der Hand: »Ja, Gott ist schrecklich, aber ich will ihm einen Strich durch die Rechnung machen. Mit meinem freien Willen. Einen dicken Strich. Ich werde uns alle retten« (72). Erst später merkt er, dass er das nicht kann, er braucht Gottes Hilfe. Erst als Gott ihm erscheint, zuerst im Ferienlager, als er mit dem Tagebuch in der Hand aus dem Zelt kommt, vor allem aber als Stimme im Tabakladen, ordnet sich der Lehrer Gott unter. Erst jetzt erkennt er nicht nur seine Schuld an, sondern nimmt auch die Sühne auf sich. Der Pfarrer hat es schon gesagt: »Gott ist das Schrecklichste auf der Welt« (52).
>
> Aber der Pfarrer weist den Lehrer auch auf die Erbschuld hin, die jeder Mensch in sich trägt, und der er sich nicht entledigen kann. Er verweist den Lehrer auf die Schriften von Anaximander, der schon 500 Jahre vor Christus geschrieben hat, dass die Dinge »Buße und Strafe zahlen [müssen] für die Schuld ihres Daseins« (53). Auch vorchristliche Denker kannten also die Erbschuld. Dieses Zitat greift der Lehrer später noch einmal auf, als er sich zum ersten Mal das ganze Ausmaß seiner persönlichen Schuld eingestehen muss: »Zahlt Buße und Strafe für die Schuld eueres Daseins! Nur keine Angst, es ist zu spät!« (78).

Vor allem durch alttestamentarische Begriffe wird das Thema ›Erbsünde‹ im Roman mehrfach wiederholt, vor allem die »Sündflut« (79) wird öfters erwähnt. Schon im zweiten Kapitel, als sich das Böse im Menschen in den fünf Jungen zeigt, die einen Einzelnen verprügeln, regnet es unaufhörlich, und auch im Lager, als sie den N suchen, regnet es. Hier sagt der Feldwebel: »Wenn das so weiterregnet […], gibts noch die schönste Sündflut!« (79). Ganz am Schluss des Romans erscheint der Lehrer wie ein neuer Noah, der sich »Über den Wassern« befindet, gerettet und in Sicherheit, weil er das Land verlassen und nach Afrika ausreisen kann.

Auch die Figur der Eva verweist auf die Urschuld. In der Bibel war es Eva, die auf den Teufel hörte, den Apfel pflückte und ihn Adam gab, danach wurde das Paar aus dem Paradies vertrieben. Sinnbildlich werden der Apfel und die Verführung meistens als Sexualität verstanden. Ein Kapitel des Romans ist »Adam und Eva« überschrieben, ein anderes »Vertrieben aus dem Paradies«.

Vertreibung aus dem Paradies

Im Roman heißt das Mädchen Eva, und der Lehrer nennt den Jungen Adam: »Adam ist der Z« (64). Eva verführt Z zu sexuellen Handlungen und dazu, die Bande ins Lager zu lassen: Er begeht bewusst eine böse Tat, weil sie ihn dazu verführt. Eva wird schuldig, weil sie die Anführerin der Bande ist und weil sie Z benutzt und ihn mit ihren Reizen umgarnt. Auch der Lehrer fühlt sich zu ihr hingezogen und macht sich damit schuldig. Er befreit sich dadurch, dass er im Prozess die Wahrheit sagt, vor allem weil er ihr helfen will. Und auch sie macht sich von der Schuld frei, indem sie im Kapitel »Vertrieben aus dem Paradies« die Wahrheit sagt. Allerdings liebt Z sie danach nicht mehr, sondern wendet sich enttäuscht von ihr ab: Damit ist für sie beide das Paradies zu Ende.

7. Autor und Zeit

Herkunft und Kindheit

Ödön von Horváth war der Sohn eines österreichisch-ungarischen Diplomaten und einer ungarisch-deutschen Mutter, die aus einer Militärarztfamilie stammte. Geboren wurde er am 9. Dezember 1901 in Susak/Fiume (heute: Rijeka, Kroatien). So bunt gemischt wie seine Herkunft aus dem Vielvölkerstaat sind auch seine ersten Lebensstationen: Von Susak zog die Familie nach Belgrad, dann nach Budapest und München, später nach Pressburg, dann wieder zurück nach Budapest, wo Horváth das Kriegsende 1918 erlebte, und schließlich nach Wien, wo er das Abitur machte. Horváth studierte in München Theaterwissenschaft und begann Stücke zu schreiben, 1924 siedelte er nach Berlin über. Immer wieder aber zog er sich in das Haus nach Murnau in Bayern zurück, das seine Eltern im gleichen Jahr erworben hatten.

> *Vielvölkerstaat*

Frühwerk

Schon früh begann Ödön von Horváth zu schreiben. Seine ersten literarischen Versuche waren noch tastend und unsicher, einiges ist nicht mehr erhalten. Der bekannte Komponist Siegfried Kallenberg, mit dem Horváth befreundet war, forderte ihn auf, einen Text für eine Ballettpantomime zu schreiben. 1922 wurde *Das Buch der Tänze* in München konzertant, 1926 in Osnabrück aufgeführt. Die Kritik ver-

Ödön von Horváth
1937, zur Zeit der Entstehung von *Jugend ohne Gott*
© Ödön von Horváth-Archiv

riss das Stück, das in einer Mischung aus Neuromantik und Expressionismus geschrieben war, als geschmacklos und kitschig. Es zeigte sich schon hier Horváths Auseinandersetzung mit dem in seinen späteren Stücken kritisierten Kitsch und verkitschten Bewusstsein. Zur selben Zeit wie dieses frühe Stück schrieb Horváth außerdem Lieder, Gedichte und die Tanzgroteske *Abenteuer im lila Molch*, das sich im Nachlass des Komponisten fand.

Kritischer und sprachlich reifer sind die *Zwei Briefe aus Paris* und vor allem die *Sportmärchen*, die ab 1923/24 entstanden sind. Horváth schrieb diese insgesamt 27 Prosatexte für Tageszeitungen wie die Berliner *BZ*, die *Berliner Volkszeitung* und die damals berühmte satirische Zeitschrift *Simplicissimus*. Auch in ihnen kritisiert er das falsche Bewusstsein der Deutschen. Satirisch setzt sich Horváth mit der Entwicklung des Sports auseinander, prangert das übertriebene Leistungsdenken und den professionellen Sportbetrieb an, während das rein sportliche Erleben, die körperliche Betätigung und das damit verbundene Glücksgefühl keine Rolle mehr spielen, nicht einmal mehr bei den Amateuren, die er als dumm und überheblich zeichnet. Vor allem die Sprache des Sports, die immer neuen Superlative und die maßlose Selbstüberschätzung der Sportler sind Zielscheibe seines Spotts.

Während von Horváths Schauspiel *Dósa*, das während der ungarischen Bauernkriege um 1500 spielt, nur einzelne Szenen überliefert sind, ist sein Stück *Mord in der Mohrengasse* von etwa 1923/24 vollständig erhalten, es wurde erst 1980 im Akademietheater Wien uraufgeführt. Es sind drei Akte um die kleinbürgerliche Familie Klamuschke, bestehend aus der Mutter, den beiden Söhnen Wenzel und Paul und dessen schwangerer Ehefrau Mathilde. Dazu kommen

ein Herr Müller, der Mathilde umwirbt und »das Ketzer-
und Hexenwesen« erforscht, und eine alte Prostituierte, die
nur »die Altmodische« genannt wird. Wenzel wird von der
Polizei gesucht, weil er einen Juwelier ermordet hat, und
erhängt sich am Schluss. *Mord in der Mohrengasse* ist ein
Kriminalstück mit stark expressionistischem Einschlag, der
Ton oft pathetisch und hoch gestimmt.

Erfolgreicher Autor der Volksstücke

1927 wurde Horváths Stück *Revolte auf Côte 3018* in Hamburg uraufgeführt. Es war wieder ein Misserfolg. Horváth
arbeitete es in der Folge um und nannte es

Die Bergbahn

Die Bergbahn. Erst mit dieser Uraufführung
1929 in Berlin stieß Horváth auf Zustim-
mung. Das Stück nimmt Bezug auf den Bau der Tiroler
Zugspitzenbahn 1925/26. Es spielt an 24 Stunden im Ok-
tober 1925, als ein Kabel bis zum Teilstück Côte 3018
verlegt werden soll. Acht Arbeiter, von einer Frau verpflegt,
einem Ingenieur überwacht und einem »Aufsichtsrat« an-
getrieben, müssen unter schlechtesten Wetterbedingungen,
mitten im Schnee, ihre Arbeit tun. Zu den altgedienten Ar-
beitern stößt der Friseur Schulz, körperlich schwach und
mit den klimatischen Bedingungen in den Alpen überhaupt
nicht vertraut. Als er abstürzt und die Arbeiter revoltieren,
erschießt der Ingenieur den pazifistischen, ausgleichenden
Arbeiter Oberle und verletzt einen anderen, Moser, so
schwer, dass er im Schneesturm zurückgelassen werden
muss. Der Ingenieur kommt ums Leben, als die Arbeiter ihn
in den Abgrund drängen.

Auch dieses Stück, Horváths erstes Volksstück, kommt

nicht ohne Kitsch aus, die grandiose Alpenszenerie und der orkanhafte Schneesturm sorgen für eine opernhafte Kulisse. Dennoch macht Horváth auch deutlich, dass er die Versatzstücke der Volksbühnen nur benützt, um mit ihnen die breiten Massen anzusprechen und sie gleichzeitig aufzuklären. Horváth unterläuft ständig die normalen Erwartungen und bedient keine Klischees. Die Frau des Stücks ist nicht die untertänige Magd, die Arbeiter sind weder die dumpfen Gesellen noch die politisch bewussten Proletarier, wie sie zur gleichen Zeit im Agitprop-Theater vorgestellt wurden.

1926 oder 1927 entstand die Komödie *Zur schönen Aussicht*, die erst 1969 uraufgeführt wurde. Im etwas heruntergekommenen Hotel »Zur schönen Aussicht« treffen der Hotelbesitzer Strasser, ein ehemaliger Offizier und Leinwandstar, sein Kellner Max, ein ehemaliger Designer und Autoschieber, und der Chauffeur Karl, ein Totschläger und Exhäftling, auf Ada von Stetten, den nationalistischen Sektvertreter Müller, Adas Zwillingsbruder Emmanuel und Christine, Mutter eines unehelichen Kindes von Strasser. Müller, Emmanuel und Christine sind hinter Strassers Geld her, wollen unbezahlte Rechnungen, Spielschulden und Alimente eintreiben, Ada verführt die drei Männer durch ihr Geld, mit dem sie ihre erotischen Gelüste auslebt und Macht ausübt. Schon in diesem Stück benutzt Horváth kleinbürgerliches Personal, um präzise den Zustand der Gesellschaft zu beschreiben: Eine Welt voller hin und her getriebener Menschen, die keinen festen Halt mehr haben, die beziehungslos sind und als letztem Ausweg dem Geld hinterherjagen. Die Liebe ist nur noch eine kitschige Vorstellung. In *Zur schönen Aussicht* wird Christine, die plötzlich geerbt

Zur schönen Aussicht

hat, zur Lichtgestalt, aber die Erlösung in Form von Geld kann von ihr dann doch nicht kommen.

Nach der Posse *Rund um den Kongress*, die erst 1970 uraufgeführt wurde, entsteht ein politisches Zeitdrama: *Sladek oder Die schwarze Armee* (in einer späteren Fassung *Sladek, der schwarze Reichswehrhauptmann*). Es wurde von der Kritik aus politischen oder aus ästhetischen Gründen fast einhellig abgelehnt. Sladek kann nicht mehr Fuß fassen und lässt sich von seiner Vermieterin, der 15 Jahre älteren Anna, aushalten. Weil er dieses Verhältnis aber gleichzeitig unwürdig findet, versucht er, in die geheime nationalkonservative Reichswehr einzutreten. Sein Gegenspieler ist ein politisch links orientierter Journalist namens Franz bzw. Schminke (in den verschiedenen Fassungen), der seinen linken Jargon nur oberflächlich verstanden hat. Als Anna droht, die geheime Armee zu verraten, weil sie ihren Geliebten verliert, liefert Sladek sie dem Femegericht aus, das sie ermordet.

Nach Hörspielen, die zu seiner Zeit nicht gesendet wurden, verfasste Horváth das Volksstück *Italienische Nacht*, das 1931 am Berliner Theater am Schiffbauerdamm uraufgeführt wurde. Es erzählt von einer Feier des sozialdemokratischen Schutzverbands in einer süddeutschen Kleinstadt im Jahr 1930. Im Verband haben sich zwei Fraktionen gebildet, die eine um den Revolutionär Martin sorgt sich um die nationalsozialistischen Umtriebe in Deutschland, die andere, mit älteren Mitgliedern um Stadtrat Ammetsberger will einfach nur feiern und Karten spielen. Diese konservativen Bürger haben auch nichts dagegen, dass ihr Wirt auch den Rechten das Lokal für Feiern zur Verfügung stellt. Es kommt zur Konfrontation, als Martin und andere eine »Italienische Feier« nicht

gestatten wollen und als die revolutionäre Jugend das Denk-
mal des letzten Königs verschandelt. Nur die Frau des
Stadtrats tritt den Faschisten entgegen und wird fast verprü-
gelt. Martins Eingreifen rettet sie. Dieses Stück war erfolgreich, wenn auch die Handlung recht dürftig ist. Horváth
reagierte damit ganz konkret auf die Wahlerfolge der Natio-
nalsozialisten und die drohende Gefahr des Faschismus.
Wichtiger als die politischen Aspekte sind jedoch die Unter-
töne. So ist Martin ebenso ein Kleinbürger wie die Faschisten, seine Freundin Anna schickt er auf den Strich, damit
sie die Faschisten aushorchen kann, Solidarität übt er nur
mit Gleichgesinnten, fremde Dialekte kann der »Internatio-
nalist« nicht aushalten.

1931 hatte auch das Volksstück *Geschichten aus dem Wienerwald* Premiere, wenige Tage nach der Ver-
leihung des Kleist-Preises an Horváth, vorge-
schlagen wurde er von Carl Zuckmayer. Es ist
bis heute sein erfolgreichstes Stück und wur-
de, wie auch *Die italienische Nacht*, an einem der renom-
miertesten Theater Deutschlands aufgeführt, am Deutschen
Theater in Berlin. Im kleinbürgerlichen Milieu in Wien verlobt sich Marianne mit dem benachbarten Fleischermeister
Oskar, verliebt sich aber dann in Alfred, der seine Beziehung
zur alternden Kioskbesitzerin Valerie löst. Auch Marianne
löst ihre Verlobung und wird deshalb von ihrem Vater, dem
Inhaber einer Spielwarenhandlung im 8. Bezirk, verstoßen.
Ein Jahr später wohnen Marianne und Alfred mit ihrem
Kind Leopold unter ärmlichsten Verhältnissen. Sie will ar-
beiten gehen, als Revuemädchen, das Kind wird zu Alfreds
Mutter und Großmutter aufs Land gebracht. Dann verlässt
Alfred Marianne. Marianne begeht einen kleinen Diebstahl,
muss ins Gefängnis und kehrt zu ihrem Vater zurück. Leo-

Geschichten aus
dem Wienerwald

pold ist inzwischen durch die Schuld der Großmutter gestorben, Oskar nimmt die gebrochene Marianne zur Frau.
Obwohl es wie ein Volksstück gebaut ist, mit wechselnden
Paaren und Verwirrungen der Liebe, ist *Geschichten aus
dem Wienerwald* doppelbödiger als diese trivialen Vorlagen.
Es spielt mit den Klischees und setzt die falschen Erwartungen und falschen Gefühle der Kleinbürger dem Spott des
Publikums aus. Tod, Elend und falsches Bewusstsein, in vielen Passagen schon am Anfang angedeutet, ziehen sich bis
zum Schluss durch wie ein roter Faden.

Auch *Kasimir und Karoline*, das 1932 Premiere hatte, war
ein Erfolg. Bei seiner Aufführung 1935 in
Wien wurde es begeistert gefeiert. In 117
Kürzestszenen treffen sich Karoline und ihr
Bräutigam Kasimir auf einem Rummelplatz.
Sie lässt sich mit dem Zuschneider Eugen Schürzinger ein,
dann mit dem Kommerzienrat Rauch. Kasimir, der gerade
seine Arbeit verloren hat, plant mit seinem alten Bekannten
Merkl und dessen Freundin Erna einen Diebstahl. Merkl
wird verhaftet, Erna und Kasimir finden zueinander. Karoline wird von Rauch, dem sie bei einem Autounfall das Leben gerettet hat, fallen gelassen und geht zu Schürzinger.
Das Stück ist voller Disharmonien und Kommunikations-
losigkeit, niemand versteht den anderen wirklich, auch die
»Liebespaare« nicht. Gedankenlos und ohne jegliche Ein-
fühlung reden und handeln die Personen mit- und gegen-
einander. Hier sind wieder alle Personen Opfer ihres eigenen falschen Bewusstseins.

Glaube Liebe Hoffnung war für 1933 geplant, aber es
konnte im nationalsozialistischen Deutschland nicht mehr
aufgeführt werden. 1936 wurde es unter dem Titel *Liebe
Pflicht und Hoffnung* in einem kleinen Theater in Wien

| Kasimir und Karoline |

uraufgeführt. Es handelt von der jungen Elisabeth, die von Arbeitslosigkeit bedroht wird. Um eine kleine Strafe wegen Handels ohne Gewerbeschein bezahlen zu können, braucht sie 150 Mark. Vergeblich bemüht sie sich, dass das Anatomische Institut ihren Körper kauft und ihr das Geld sofort auszahlt. Der Präparator leiht ihr schließlich das Geld. Sie beschließt aber, sich stattdessen den Wandergewerbeschein zu kaufen, um damit regelmäßig Geld verdienen zu können. Als der Präparator merkt, dass sie ihm nicht näher kommt, ist er enttäuscht und will sich rächen. Zusammen mit ihrer Arbeitgeberin, Frau Prantl, für die sie nicht genug verdient, zeigt er sie an. Der Polizist Alfons Ostermeyer versucht sie noch zu beschützen, aber als er von ihrer Vorstrafe hört, lässt auch er sie fallen. Elisabeth sieht keinen anderen Ausweg als den Selbstmord.

Elisabeth muss hier die bittere Wahrheit erfahren, dass sie nicht die Wahrheit sagen kann und auch nicht lügen: Sie verliert so oder so. Von den Männern verraten, bleibt ihr kein Ausweg. Wie einige andere Frauen in diesem Stück, ihre Mutter, die Freundin Maria, eine Frau Amtsgerichtsrat, hat sie keine Chance, in ihrem Leben bestehen zu können. Symbolisch stehen sie für viele aus dem Kleinbürgertum am Ende der Weimarer Republik, denen nur noch der Tod bleibt.

Nach einigen Vorarbeiten, die z. T. posthum unter dem Titel *Sechsunddreißig Stunden* veröffentlicht wurden, erschien 1930 Horváths Roman *Der ewige Spießer*. In einer Vorbemerkung schreibt er, dass er einige Beiträge zur Biologie des werdenden Spießers geben will und nennt seinen Text ironisch einen erbaulichen Roman. In drei Kapiteln erzählt Horváth von Kleinbürgern, die scheitern. Das erste handelt vom

Der ewige Spießer

skrupellosen Geschäftemacher Alfons Kobler aus München, der vor allem alternde Frauen auszunützen versucht. Durch einen Betrug bei einem Autogeschäft kann er 1929 zur Weltausstellung nach Barcelona fahren. Sein eigentlicher Zweck ist es, eine reiche Frau kennen zu lernen, sie zu kompromittieren und damit sanft zur Ehe zu zwingen. Er lernt zwar eine reiche Frau kennen und verbringt die Nacht mit ihr, aber sie ist schon mit einem reichen Amerikaner verlobt. Sein Geld war falsch investiert und ist weg. Das zweite Kapitel erzählt von Koblers Freundin Anna Pollinger, die sich während dessen Barcelonareise aus Geldmangel prostituieren muss, im dritten bekommt sie vom ehemaligen Kellner Eugen Reithofer eine Stelle als Schneiderin vermittelt.

Horváth führt ironisch typische Züge von Spießertum vor, das dumme, gedankenlose Geschwätz, die Sucht, reich zu werden, gebildet zu tun und geschäftlich erfolgreich zu werden. Echte Kommunikation findet nicht statt, die Personen sind alle gleich borniert und hängen sich an jede Ideologie, die ihnen nur nützen könnte.

Spätwerk

1933 flüchtete Horváth vor den Nazis nach Wien, kehrte 1934 noch einmal kurz nach Berlin zurück und lebte danach vor allem in Henndorf bei Salzburg. Als kritischem Autor war ihm ab 1933 das deutsche Theater verschlossen, und er ahnte, dass es in Österreich auch bald so kommen würde. 1938, als Österreich ein Teil des Deutschen Reiches wurde, emigrierte er über Budapest und Prag nach Paris. Dort kam er bei einem Unfall ums Leben: Am 1. Juni 1938, nachdem er mit dem amerikanischen Regisseur Robert Siodmak über die Verfilmung des Romans *Jugend ohne Gott* verhandelt hatte, wurde er von einem herunterfallenden Ast erschlagen.

Uraufführung von *Eine Unbekannte aus der Seine* sollte eigentlich 1934 am Reinhardt-Seminar in Wien sein, sie fand aber erst 1946 statt. Es ist eine Komödie mit einer Kriminalhandlung, sie spielt in einer Pariser Seitengasse
mit einem Uhren- und einem Blumengeschäft. Albert, wegen einer Unterschlagung arbeitslos und von seiner Braut Irene, der Besitzerin des Blumengeschäfts, hinausgeworfen, plant einen Überfall auf den Uhrenladen. Dann begegnet er der Unbekannten, die versucht, ihn vom Überfall abzuhalten. Er führt ihn dennoch durch und erschlägt dabei den Uhrmacher. Die Unbekannte gibt ihm ein Alibi. Dann kehrt Irene wieder zu ihm zurück, die Unbekannte sagt, sie ginge ins Wasser. Jahre später sieht man Albert und Irene mit ihrem kleinen Sohn. Sie leben glücklich und zufrieden, an die Unbekannte erinnert eine Totenmaske an der Wand.

Hin und Her, Horváth nächstes Stück, wurde nach heftigen Angriffen durch nationalsozialistische Kreise auf ihn 1934 in Zürich aufgeführt. Es spielt auf einer Grenzbrücke. Auf der linken
Seite tut der ältere verwitwete Szamek Dienst, auf der rechten der junge Konstantin, der gegen Szameks Willen mit seiner Tochter Eva ein Verhältnis hat. Dann soll aus dem linken Staat der Drogist Havlicek abgeschoben werden. Der rechte Staat, aus dem er kommt, weist ihn zurück, weil er versäumt hat, seine Staatsbürgerschaft zu erneuern. Jetzt ist er ein Staatenloser und pendelt auf der Brücke hin und her, wobei er nebenbei für Eva und Konstantin Liebesbriefe

transportiert. Dummerweise verhindert Havlicek aus Versehen eine Lockerung der Grenzbestimmungen, weil er ein heimliches Treffen der Premierminister beobachtet. Dafür schaltet er mit Konstantin und Eva eine Schmugglerbande aus und verdient sich so eine große Summe Belohnungsgeld. Konstantin kann nun die schwangere Eva und Havlicek die Gastwirtin Hanusch heiraten. Das Stück ist mehr eine leichte Posse als eine tiefgründige Komödie.

Nach dem Märchen *Himmelwärts* von 1933/34, das 1937 aufgeführt wurde, und der Komödie *Mit dem Kopf durch die* Wand von 1935 schrieb Horváth zwei weitere große Stücke, die noch heute häufig gespielt werden.

Figaro lässt sich scheiden ist eine Komödie, die an *Die Hochzeit des Figaro* von Beaumarchais anschließt. Die Handlung spielt nach der Revolution, Graf und Gräfin Almaviva sind geflohen, Figaro und Susanne sind ihnen gefolgt. Da der Ruin des Grafen abzusehen ist, lässt sich Figaro als Friseur in Großhadersdorf nieder. Susanne verlässt ihn, weil er in diesen schrecklichen, menschen- und kinderfeindlichen Zeiten keine Kinder haben will. Figaro, der nur ihretwegen Frankreich verlassen hat, kehrt zurück, arrangiert sich mit den neuen Herren und wird Verwalter im alten Schloss, das nun ein Heim für Findelkinder geworden ist. Als Susanne mit dem alten Grafen zu ihm zurückkehrt, gibt es eine allgemeine Versöhnung.

Horváth beschreibt vor allem Revolutions- und Emigrantenschicksale, die er am eigenen Leib erfahren hat. Alle gewohnten Ordnungen lösen sich auf. Man muss neue finden, was nicht allen gelingt. Aber Figaro macht eine Entwicklung durch, die ihn zu neuen Erkenntnissen und sogar zu einem neuen Leben mit Susanne befähigt.

Don Juan kommt aus dem Krieg beginnt am Tag des Waffenstillstands am Ende des Ersten Weltkriegs. Don Juan begegnet 35 Frauen, die ihn alle zu kennen scheinen, und alle erinnern ihn an seine Braut, die er vor dem Krieg verlassen hat. Er weiß nicht, dass sie in einer Irrenanstalt gestorben ist und schreibt ihr Briefe, die nur ihre Großmutter liest. Nach 35 Affären erfährt er von ihrem Tod, lässt sich auf ihrem Grab einschneien und erfriert freiwillig. Don Juan ist ein Mensch, der seinen Illusionen hinterherläuft und bei seiner Desillusionierung stirbt.

> Don Juan kommt aus dem Krieg

Der jüngste Tag ist das letzte Drama, das zu Horváths Lebzeiten aufgeführt wurde und das erste, das nach dem Krieg auf die Bühne kam. Auf einer kleinen Bahnstation ist Thomas Hudetz Vorsteher. Abgelenkt von der Wirtstochter Anna scheint er ein Signal falsch gestellt zu haben. Bei der Gerichtsverhandlung sagt Frau Hudetz, die 13 Jahre älter ist als ihr Mann, gegen ihn aus, Anna aber schwört einen Meineid zu seinen Gunsten. Als er freigesprochen wird, plagt sie ihr Gewissen so lange, bis sie ihre Ermordung durch Hudetz provoziert. Sie erscheint ihm als Geist, und er stellt sich der Justiz.

In diesem letzten Stück geht es Horváth vor allem um die Frage der persönlichen Schuld und um die kleinen Verletzungen in der Ehe, in einer Liebschaft, in einem kleinen Dorf. Horváths Gott, der sich auch in *Jugend ohne Gott* finden lässt, spricht zu den Menschen ganz unmittelbar, er ist die Wahrheit. So ist für Hudetz das Jüngste Gericht identisch mit dem Erkennen der Wahrheit, dass er sich schuldig gemacht hat, vor seiner Frau, vor Anna und vor sich selbst.

1937 erschien auch der Roman *Jugend ohne Gott*, im Amsterdamer Exilverlag Allert de Lange. In Deutschland wegen

> Jugend ohne Gott

seines pazifistischen Inhalts verboten, wurde er im Ausland sofort populär: Zehn Übersetzungen erschienen in den nächsten beiden Jahren. Auch in *Jugend ohne Gott* ist ein Mensch, der Lehrer, auf der Suche nach der Wahrheit und nach einer übergreifenden Moral. Da er in einem diktatorischen Staat lebt, gelingt ihm dies nur ansatzweise, am Schluss muss er, wie viele Figuren bei Horváth, ins Exil gehen.

Horváths letzter Roman, *Ein Kind unserer Zeit*, wurde Anfang 1938 fertiggestellt. Auch er wurde im Amsterdamer Exil publiziert und mehrfach übersetzt. *Ein Kind unserer Zeit* erzählt von der soldatischen Ausrichtung des modernen Lebens. Ein Soldat, der, zunächst begeisterter Anhänger des Regimes, ein Opfer der völkischen Politik und des Krieges wurde, erlebt eine Krise und ermordet einen Oberbuchhalter, der schuld an der Haftstrafe einer Kassiererin ist, die abgetrieben hat. Zwar sieht der Mord wie ein Unfall aus, niemand wird beschuldigt oder angeklagt. Aber der Soldat sieht keinen Ausweg mehr aus seiner Schuld und sucht den Freitod durch Erfrieren.

Nachruhm

Jahrzehnte nach seinem Tod erlebte Ödön von Horváths Werk eine erstaunliche Renaissance. 1961 erschien eine erste Auswahl von sechs Horváth-Stücken wieder neu, 1962 wurde an der Berliner Akademie der Künste ein Horváth-Archiv eingerichtet. Vor allem im Zuge der Studentenbewegung wurde auch von der Literatur und vom Theater gesellschaftskritische Relevanz gefordert, die man in

Renaissance nach dem Krieg

Horváths Volksstücken entdeckte. War er noch zu Beginn der sechziger Jahre völlig unbekannt, entdecken ihn junge Autoren wie Peter Handke und vor allem Theaterautoren wie Martin Sperr, Rainer Werner Fassbinder und Franz Xaver Kroetz, der selbst durch kritische, ironische und oft recht wilde Volksstücke berühmt wurde, als ihren Vorläufer. Zwischen 1948 und 1963 wurden z. B. die *Geschichten aus dem Wienerwald* gar nicht gespielt, innerhalb der nächsten zehn Jahre wurden sie rund ein Dutzend Mal inszeniert.

Anfang der siebziger Jahre erschienen mehrere Ausgaben von *Gesammelten Werken* und literatur- und theaterwissenschaftliche Untersuchungen.

Werktabelle

Frühwerk

Um 1920 *Ein Epilog* (Stück).
1922 *Das Buch der Tänze* (Stück).
1925 *Mord in der Mohrengasse* (Schauspiel).
1926/27 *Zur schönen Aussicht* (Komödie).
1927 *Revolte auf Côte 3018* (Volksstück).
1928 *Rund um den Kongress* (Posse).
1929 *Sechsunddreißig Stunden* (Roman).

Volksstücke

1929 *Die Bergbahn* (Volksstück).
1929 *Sladek, der schwarze Reichswehrhauptmann* (Drama).
1930 *Der ewige Spießer* (Roman).

1931 *Italienische Nacht* (Volksstück).
1931 *Geschichten aus dem Wienerwald* (Volksstück).
1932 *Kasimir und Karoline* (Volksstück).
1936 *Glaube Liebe Hoffnung* (Volksstück).

Spätwerk

1934 *Eine Unbekannte aus der Seine* (Komödie).
1934 *Hin und Her* (Komödie).
1935 *Mit dem Kopf durch die Wand* (Komödie).
1937 *Himmelwärts* (Märchen in zwei Teilen).
1937 *Figaro lässt sich scheiden* (Komödie).
1937 *Don Juan kommt aus dem Krieg* (Schauspiel).
1937 *Der jüngste Tag* (Schauspiel).
1937 *Jugend ohne Gott* (Roman).
1938 *Ein Kind unserer Zeit* (Roman).

8. Checkliste

Erstinformation zum Werk

1. Mit welchem Genre ist Horváth berühmt geworden?
2. Wann begann Horváth seine Volksstücke zu schreiben?
3. Welche Rolle spielte die Erziehung der Jugend für den Nationalsozialismus?
4. Wie stand die katholische Kirche zum NS-Regime?

Inhalt

1. Warum muss Deutschland nach Ansicht der Schulbehörde Kolonien haben?
2. »Auch die Neger sind doch Menschen?« Warum und zwischen wem gibt es Streit darüber, ob Neger Menschen sind?
3. Wer sind die »reichen Plebejer«?
4. Wie reagiert der Lehrer auf die Bespitzelung durch seine Schüler?
5. Wie werden die Frauen von Julius Caesar charakterisiert?
6. Wie erlebt der Lehrer die Frauen?
7. Warum müssen die Jungen in ein Zeltlager gehen?
8. Warum überfallen die Jugendlichen die alte Frau?
9. Weshalb diskutiert der Lehrer mit dem Pfarrer über Gott?
10. Welche Moral vertritt der Pfarrer?
11. Ist Z ein Außenseiter, weil er Tagebuch schreibt?

12. Macht sich der Lehrer schuldig, weil er das Tagebuch liest und verschläft?
13. Welche Rolle spielt der Lehrer im Prozess?
14. Welche Art von Widerstand gibt es im Roman?
15. Wieso kann der Lehrer den Brief an die Eltern nicht schreiben?
16. Wieso verteidigt die Mutter T ihren Sohn?
17. Wieso scheitert der Plan von Julius Caesar?
18. Was macht das Gespenst dem Lehrer begreiflich?

Personen

1. Was macht dem Lehrer in seinem Beruf am meisten zu schaffen?
2. Wie verändert sich der Glaube des Lehrers?
3. Wie sieht Julius Caesar die Menschen?
4. Welche Aufgabe sieht der Pfarrer für sich und die Kirche?
5. Welche Schülergruppen gibt es?
6. Welche Rollen spielen die Eltern?

Die Struktur des Werks

1. Wie ist das Werk gegliedert?
2. Welche drei Aspekte sind wichtig?
3. Welches sind die Höhepunkte?
4. Wie ist die Detektivgeschichte aufgebaut?
5. Wie sieht die Wendung in der religiösen Geschichte aus?
6. Welche sozialkritischen Punkte werden angesprochen?
7. Welche Motive strukturieren den Text?

Interpretation

1. Welche großen Themen werden im Roman behandelt?
2. Wie ist die faschistische Gesellschaft dargestellt?
3. Welche Rolle spielt die Ideologie in Zeitungszitaten, Radioaussprüchen und Äußerungen von Schülern und Erwachsenen?
4. Wie zeigt sich die Brutalität der Gesellschaft?
5. Welche drei Gruppen stehen sich gegenüber?
6. Welche Parallelen zieht der Lehrer zwischen der römischen und der deutschen Geschichte?
7. Wie werden die Jugendlichen im Sinne des Systems erzogen?
8. Wie haben sich die Familien mit dem Regime arrangiert?
9. Was für ein Frauenbild wird im Roman gezeigt?
10. Wie werden die Personen im Roman schuldig?

Autor und Zeit

1. Welche Werke entstehen in Horváths früher Schaffensphase?
2. Welche Volksstücke schrieb Horváth?
3. Welches ist das erfolgreichste seiner Stücke?
4. Welche Rolle spielt der *Spießer* in Horváths Stücken?
5. Was charakterisiert Horváths Spätwerk?
6. Welche Romane hat Horváth geschrieben?
7. Wer entdeckte Horváth nach dem Krieg neu?

9. Lektüretipps/Filmempfehlungen

Einzelausgabe

Ödön von Horváth: Jugend ohne Gott. Frankfurt a. M.: Suhrkamp, 2001. (st. 3345.) – *Nach dieser Ausgabe wird zitiert.*

Werkausgaben

Ödön von Horváth: Jugend ohne Gott. Frankfurt a. M.: Suhrkamp, 1983. (Gesammelte Werke in Einzelausgaben. 13.)

Zur Biografie

Hildebrandt, Dieter: Horváth. Reinbek bei Hamburg 1975.
Kahl, Kurt: Horváth. München 1971.
Krischke, Traugott (Hrsg.): Materialien zu Ödön von Horváth. Frankfurt a. M. 1970.
– Ödön von Horváth. Frankfurt a. M. 1981.
– Horváth-Chronik. Frankfurt a. M. 1988.

Zum Werk Horváths

Bartsch, Kurt: Ödön von Horváth. Stuttgart 2000.
Fritz, Axel: Ödön von Horváth als Kritiker seiner Zeit. München 1973.
Heil, Stefan: Die Rede von Gott im Werk Ödön von Horváths. Ostfildern 1999.
Schulte, Birgit: Ödön von Horváth. Bonn 1980.

Steets, Angelika: Die Prosawerke Ödön von Horváths. Stuttgart 1975.

Zu *Jugend ohne Gott*

Bossinade, Johanna: »Verloren, was ich niemals besessen hab«. In: Traugott Krischke (Hrsg.): Horváths Prosa. Frankfurt a. M. 1989.

Haslinger, Adolf: Ödön von Horváths *Jugend ohne Gott* als Detektivroman. In: Johannes Klein (Hrsg.): Studien zur Literatur des 19. und 20. Jahrhunderts. Innsbruck 1981.

Keufgens, Norbert: Ödön von Horváth: *Jugend ohne Gott.* In: Interpretationen. Erzählungen des 20. Jahrhunderts. Bd. 1. Stuttgart 1996.

– Ödön von Horváth: *Jugend ohne Gott.* Stuttgart 1998.

Krischke, Traugott (Hrsg.): Horváths *Jugend ohne Gott.* Frankfurt a. M. 1984.

Schlemmer, Ulrich: Ödön von Horváth: *Jugend ohne Gott.* München 1993.

Schröder, Jürgen: Das Spätwerk Ödön von Horváths. In: T. K. (Hrsg.): Ödön von Horváth. Frankfurt a. M. 1981.

Zur Epoche

Glaser, Horst Albert (Hrsg.): Deutsche Literatur – Eine Sozialgeschichte. Bd. 8: 1880–1918. Reinbek bei Hamburg 1982.

– Deutsche Literatur – Eine Sozialgeschichte. Bd. 9: 1918–1945. Reinbek bei Hamburg 1983.

Leiß, Ingo / Hermann Stadler: Deutsche Literaturgeschichte. Bd. 8: 1890–1918. München 1997.
– Deutsche Literaturgeschichte. Bd. 9: 1918–1933. München 2003.
Riegel, Paul / Wolfgang van Rinsum: Deutsche Literaturgeschichte. Bd. 10: 1933–1945. München 2000.

Verfilmung

Wie ich ein Neger wurde. Ein Film von Roland Gall. 1969. Drehbuch: Roland Gall, nach dem Roman *Jugend ohne Gott* von Ödön von Horváth. Produktion: Roland Gall, Kamera: Georg Panussopulos, 104 Minuten, schwarzweiß. Mit Gerd Baltus als Lehrer, Walter Ladengast als Caesar, Wolf Euba als Pfarrer, Helmut Alimonta als Ex-Feldwebel, Veronika Fitz als Nelly und Heidi Ederer als Eva.

Lektüreschlüssel für Schüler

Reclam